essentials

essentials liefern aktuelles Wissen in konzentrierter Form. Die Essenz dessen, worauf es als „State-of-the-Art" in der gegenwärtigen Fachdiskussion oder in der Praxis ankommt. *essentials* informieren schnell, unkompliziert und verständlich

- als Einführung in ein aktuelles Thema aus Ihrem Fachgebiet
- als Einstieg in ein für Sie noch unbekanntes Themenfeld
- als Einblick, um zum Thema mitreden zu können

Die Bücher in elektronischer und gedruckter Form bringen das Expertenwissen von Springer-Fachautoren kompakt zur Darstellung. Sie sind besonders für die Nutzung als eBook auf Tablet-PCs, eBook-Readern und Smartphones geeignet. *essentials:* Wissensbausteine aus den Wirtschafts-, Sozial- und Geisteswissenschaften, aus Technik und Naturwissenschaften sowie aus Medizin, Psychologie und Gesundheitsberufen. Von renommierten Autoren aller Springer-Verlagsmarken.

Weitere Bände in der Reihe http://www.springer.com/series/13088

Bruno S. Frey

Ökonomik der Kunst und Kultur

Kompakt – verständlich – anwendungsorientiert

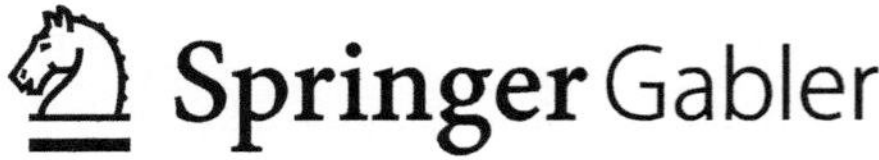

Bruno S. Frey
Universität Basel
Basel, Schweiz

ISSN 2197-6708 ISSN 2197-6716 (electronic)
essentials
ISBN 978-3-658-26679-0 ISBN 978-3-658-26680-6 (eBook)
https://doi.org/10.1007/978-3-658-26680-6

Die Deutsche Nationalbibliothek verzeichnet diese Publikation in der Deutschen Nationalbibliografie; detaillierte bibliografische Daten sind im Internet über http://dnb.d-nb.de abrufbar.

Springer Gabler ist ein Imprint der eingetragenen Gesellschaft Springer Fachmedien Wiesbaden GmbH und ist ein Teil von Springer Nature
Die Anschrift der Gesellschaft ist: Abraham-Lincoln-Str. 46, 65189 Wiesbaden, Germany

Was Sie in diesem *essential* finden können

Dieses Büchlein behandelt die mannigfachen Beziehungen zwischen Kunst und Kultur einerseits und der Wirtschaft andererseits. Überdies wird die ökonomische Sicht auf den Bereich der Kunst angewandt.

Es wird gezeigt

- wie sich Kunst bewerten lässt,
- wie Märkte in der Kunst funktionieren,
- welche Probleme in der darstellenden Kunst (Theater, Oper, Festspiele, Filme) auftreten,
- wie unser Weltkulturerbe geschützt werden kann,
- auf welche Weise Kunst staatlich unterstützt wird, und
- ob Kunst glücklich macht.

Inhaltsverzeichnis

Über den Autor

Bruno S. Frey hat Nationalökonomie an den Universitäten von Basel und Cambridge (England) studiert, 1965 doktoriert und sich 1969 an der Universität Basel habilitiert.

1969–2006 war Frey Außerordentlicher Professor an der Universität Basel; 1970–1977 Ordentlicher Professor für Finanzwissenschaft an der Universität Konstanz; 1977–2012 Professor für Volkswirtschaftslehre an der Universität Zürich; 1990–1991 Visiting Research Professor an der Universität Chicago; 2010–2013 Distinguished Professor of Behavioural Science an der Warwick Business School der University of Warwick, UK, 2013–2015 Ständiger Gastprofessor an der Zeppelin Universität in Friedrichshafen.

Seither ist Bruno S. Frey Ständiger Gastprofessor an der Universität Basel, Center for Research in Economics and Well-Being (CREW). Außerdem ist er Forschungsdirektor bei CREMA – Center for Research in Economics, Management and the Arts, Zürich.

Bruno S. Frey erhielt einen doctor honoris causa von den Universitäten St. Gallen, Göteborg, der Freien Universität Brüssel und den Universitäten Aix-en-Provence/Marseille und Innsbruck.

Er ist Fellow der Public Choice Society; Fellow der Royal Society of Edinburgh (FRSE); Distinguished CESifo Fellow; Distinguished Fellow der Association for Cultural Economics, International; Gewinner des ersten Stolper-Preises des Vereins für Socialpolitik (der Gesellschaft aller deutschsprachigen Ökonomen).

Freys Forschungsschwerpunkt ist die Anwendung der Ökonomie auf neue Bereiche (Politik, Geschichte, Konflikt, Familie), insbesondere auf die Kunst und Kultur. Dabei erweitert er das Modell menschlichen Verhaltens durch Einbezug psychologischer und soziologischer Elemente.

Er hat zahlreiche Bücher in verschiedenen Sprachen und Publikationen in führenden Fachzeitschriften veröffentlicht. Auf dem Gebiet der Kunstökonomie hat er folgende Bücher verfasst:

Pommerehne, Werner W. und Bruno S. Frey (1993). *Musen und Märkte. Ansätze einer Ökonomik der Kunst.* Vahlen, München

und

Frey, Bruno S. (2003). *Arts & Economics. Analysis & Cultural Policy.* 2. Aufl. Springer-Verlag, Berlin, Heidelberg, New York.

Einführung – Was ist die Ökonomie der Kunst und Kultur? 1

Die Kunstökonomie ist ein wenig bekannter Teil der modernen Wirtschaftswissenschaften. Nicht einmal alle Ökonomen kennen sie, und schon gar nicht im Kulturbereich tätige Praktiker.

Die Kunstökonomie lässt sich auf zweierlei Weise verstehen:

1. *Die mannigfachen Beziehungen zwischen Kunst und der Wirtschaft erfassen.* Damit wird eine Wechselwirkung zweier wichtiger Bereiche der Gesellschaft angesprochen. Wir wissen, dass der Betrieb eines Opernhauses viel Geld erfordert, dass viele Künstler arm sind – und einige sehr reich geworden sind. Außerdem wissen wir, dass Gemälde und andere Kunstgegenstände auf Auktionen zuweilen enorm hohe Preise erzielen. Wichtige Bereiche, der sich die Kunstökonomie widmet, betreffen die darstellende Kunst – Theater, Oper, Filme und Festspiele – und die bildende Kunst – insbesondere Museen, das Kulturerbe und den Kunsttourismus. Untersucht wird auch, in welcher Weise die Kunst staatlich gefördert werden kann.

2. *Ökonomisches Denken auf den Bereich der Kunst und Kultur anwenden.* Dieser Ansatz beruht auf einer neuen Art der *Interdisziplinarität*. Bis heute wurde dieser Begriff auf die Kombination verschiedener wissenschaftlicher Ansätze verwendet. Im Gegensatz dazu wird hier die ökonomische Sicht auf einen nicht-wirtschaftlichen Bereich angewandt. Dabei ist sorgsam zu unterscheiden, was die Menschen möchten, und welche Möglichkeiten sie haben, diese Ziele zu erreichen. Der ökonomische Ansatz entwickelt eine systematische Analyse der Wechselwirkung zwischen dem Verhalten einzelner Personen und den in einer Gesellschaft bestehenden Institutionen. Diese Betrachtungsweise wurde bereits in anderen Bereichen der Gesellschaft – Ausbildung, natürliche Umwelt, Terrorismus, Sport oder Glück – fruchtbar angewandt.

© Springer Fachmedien Wiesbaden GmbH, ein Teil von Springer Nature 2019
B. S. Frey, *Ökonomik der Kunst und Kultur,* essentials,
https://doi.org/10.1007/978-3-658-26680-6_1

Eine der spannendsten Anwendungen des ökonomischen Ansatzes befasst sich mit der *Kunst* und *Kultur*. Wissenschaftler im deutschen Sprachgebiet haben sich schon vor langer Zeit damit beschäftigt; deren Arbeiten sind jedoch weitgehend in Vergessenheit geraten.

Die staatliche Unterstützung der Kunst spielt in der Finanzwissenschaft seit jeher eine beachtliche Rolle. Es wurde als beinahe selbstverständlich unterstellt, dass die Öffentlichkeit die Kunst unterstützen soll. Die markt-externen positiven Wirkungen der Kunst begünstigen nicht nur Personen, die kulturelle Aktivitäten konsumieren, sondern darüber hinaus auch die Gesellschaft als Ganzes.

Die Kunstökonomie ist in Form einer internationalen wissenschaftlichen Gesellschaft (Association for Cultural Economics, International) und einer wissenschaftlichen Zeitschrift (Journal of Cultural Economics) institutionalisiert worden. Die Nähe zu anderen Wissenschaften, die sich mit Kunst und Kultur beschäftigen, wird aktiv gepflegt. Insbesondere ist die Kunstsoziologie eng mit der Kunstökonomie verwandt. Kunsthistoriker scheinen zu glauben, der ökonomische Ansatz beschäftige sich nur damit, was monetär profitabel ist und dass Ökonomen deshalb die Kunst dem Kommerz opfern wollen. Es gibt jedoch viele ernsthafte ökonomische Argumente für eine staatliche Unterstützung der Kunst, die im Folgenden ausgeführt werden.

Folgerungen
Kunst und Kultur aus ökonomischer Sicht zu betrachten, eröffnet manche neuen und überraschenden Einsichten. Die Kunstökonomie unterscheidet sich grundlegend von vielen konventionellen Ansätzen. Sie ist sicherlich nicht die einzig sinnvolle und ertragreiche Betrachtungsweise, hat aber den Vorzug, Kunst und Kultur unorthodox anzugehen. Manche wie selbstverständlich angenommenen Ansichten werden in Zweifel gezogen, wie etwa, dass ein Markt nicht wertvolle Kunst produzieren könne, oder dass gesellschaftliche Entscheidungen zur Kultur nicht demokratisch gefällt, sondern einer gut ausgebildeten Elite überlassen werden müssten.

Aspekte

2.1 Der gesellschaftliche Wert der Kunst

Wirkungsforschung

Im Bereich der Kunst und Kultur tätige Personen – wie Politiker, Beamte, Galeristen und Künstler – sind in aller Regel von der Wirkungsforschung angetan. Sie lieben Untersuchungen, welche die wirtschaftlichen Vorteile kultureller Aktivitäten betonen. Gemessen werden die direkten Ausgaben der Kunstanbieter und die indirekten Ausgaben der Besucher von Kunstanlässen, etwa für den Transport, Essen und Kleidung. Der damit ausgelöste Ausgabenmultiplikator steigert die Wirkung der direkten Ausgaben um das Zwei- oder Dreifache. Ausgaben für die Kunst erscheinen deshalb häufig als wirtschaftlich gerechtfertigt. Allerdings finden sich auch bei anderen Aktivitäten entsprechend hohe, oder sogar noch höhere wirtschaftliche Wirkungen. So könnten etwa die Ausgaben für ein Autorennen noch höhere Effekte bringen. Deshalb ist dieser Ansatz mit aller Vorsicht zu handhaben.

Erfassung der nicht-marktlichen Wirkungen der Kunst

Im Gegensatz zur wirtschaftlichen Wirkung bemühen sich Kunstökonomen, mit Hilfe von Analysen der Zahlungsbereitschaft die Effekte zu erfassen, die sich *nicht* auf einem Markt äußern. Eine sorgfältig ausgesuchte repräsentative Grundgesamtheit wird befragt, wie viel sie zu zahlen bereit ist, um ein bestimmtes kulturelles Gut zu erhalten. Damit wird der gesamte gesellschaftliche Nutzen kultureller Aktivitäten erfasst, der dann mit den entsprechenden gesellschaftlichen Kosten verglichen wird. Fällt der Vergleich positiv aus, sollte die entsprechende kulturelle Aktivität unternommen werden, weil die Gesellschaft als Ganzes damit besser gestellt wird. Eine staatliche Förderung sollte erwogen werden, weil der Markt nicht alle Nutzenbestandteile berücksichtigt.

© Springer Fachmedien Wiesbaden GmbH, ein Teil von Springer Nature 2019
B. S. Frey, *Ökonomik der Kunst und Kultur,* essentials,
https://doi.org/10.1007/978-3-658-26680-6_2

Beispiele solcher Nutzen außerhalb des Marktes sind

- *Existenzwert*: Personen profitieren von Kunstanlässen, obwohl sie diese selbst nicht besuchen, d. h. nie in ein Theater oder Museum gehen. Sie freuen sich dennoch darüber, dass diese kulturellen Angebote vorhanden sind.
- *Optionswert*: Personen besuchen keine kulturellen Aktivitäten, möchten jedoch die Möglichkeit haben, dies in der Zukunft zu tun.
- *Vererbungswert*: Eltern, die nie einen Kunstanlass besuchen, wollen jedoch ihren Nachkommen die Möglichkeit offen halten, wenn diese sie wahrnehmen möchten.
- *Bildungswert*: Kunst und Kultur tragen in positiver Weise zur Ausbildung zukünftiger Generationen bei und sollten deshalb erhalten bleiben.
- *Prestigewert*: Eine Kunstinstitution, zum Beispiel eine Oper oder ein Museum, kann das Renommee einer Stadt oder einer Region steigern und trägt damit zum gesellschaftlichen Nutzen bei.

Diese Werte werden vom Markt nicht, oder in zu geringem Ausmaß, zur Verfügung gestellt. Die davon begünstigten Personen brauchen nicht dafür zu bezahlen; ein Anbieter kann somit einen Teil seiner Kosten nicht decken. Es handelt sich um positive externe Effekte oder öffentliche Güter, die nicht auf einem Markt angeboten werden, weil die Konsumenten nicht dafür bezahlen müssen.

Folgerungen

Es ist etwas erstaunlich: Viele Personen des Kunstbereichs setzen auf die rein ökonomischen Wirkungen der Kunst, während Ökonomen die von der Kunst geschaffenen gesellschaftlichen Werte herausheben. Die erste Sicht ist aus politischer Sicht verständlich. Wer direkt oder indirekt von der Kunst profitiert, wird deren Aktivitäten unterstützen. Allerdings werden dabei alle Werte vernachlässigt, die sich nicht im Markt niederschlagen. Der kunstökonomische Ansatz erfasst hingegen gerade auch diese Werte in Form von Existenz-, Options-, Vererbungs-, Bildungs- und Prestigewerten.

Die beiden Ansätze berücksichtigen unterschiedliche Aspekte und sollten beide in eine umfassende, politisch-ökonomische Analyse einbezogen werden.

2.2   Kunstmärkte und Auktionen

Anbieter und Nachfrager

Kunstgegenstände und Kunstanlässe erfordern zu deren Herstellung und Bereitstellung wirtschaftliche Ressourcen. Diese setzen sich aus dem Aufwand an

Arbeit und Material zusammen. Besonders wichtig sind auch die Investitionen in neue Ideen und Kreativität. Da all diese Ressourcen knapp sind, entstehen Opportunitätskosten, d. h. sie können nicht gleichzeitig anderswo eingesetzt werden. So kann zum Beispiel ein Maler nicht gleichzeitig als Buchhalter arbeiten.

Das Angebot an Kunst wird stark durch die sich ändernden Präferenzen der Nachfrager beeinflusst. Viele Kunstanbieter sind durch starke finanzielle Schwierigkeiten belastet. Oft können sie ihre kulturellen Güter und Dienstleistungen nicht mit Gewinn anbieten. Sie sind andauernd auf öffentliche Unterstützung oder Spenden angewiesen. Aus diesem Grund finden sich im Bereich der Kunst viele unterschiedliche Handlungsträger: Unabhängige Anbieter, nicht-gewinnorientierte Organisationen, profitorientierte Firmen und vielerlei öffentliche Institutionen.

Die Nachfrager unterliegen ebenfalls verschiedenen Einschränkungen. Viele Leute haben ein zu geringes Einkommen, Vermögen und limitierte Kreditmöglichkeiten, um teure Opernaufführungen zu besuchen oder Bilder zu erwerben. Ein erheblicher Teil der Nachfrage nach Kunst wird durch staatliche Einrichtungen ausgeübt.

Gleichgewicht zwischen Angebot und Nachfrage
In einem gut funktionierenden Markt führen Preise zu einem Ausgleich von Angebot und Nachfrage. Bei einem Überangebot fallen die Preise; bei einer Übernachfrage steigen sie.

Viele Märkte im Bereich der Kunst sind jedoch unvollkommen, weil potenzielle Konsumenten schlecht informiert sind, oder weil die Nachfrage sich ungenügend an das Angebot anpasst. Ein Opernhaus kann und muss ein Stück aufführen, selbst wenn das Theater nicht voll besetzt ist. Den Eintrittspreis zu senken, um zusätzliche Besucher anzuziehen, ist nicht einfach und riskant, weil diejenigen, die Sitzplätze zu einem hohen Preis gebucht haben, sich darüber ärgern und in Zukunft wegbleiben.

Kunstmärkte sind auch durch charismatische Personen beeinflusst, welche die Konsumenten dazu bewegen können, Kunstobjekte zu erstehen oder kulturelle Anlässe zu besuchen. Professionelle Kunstorganisationen versuchen ebenfalls den Markt zu beeinflussen. So schreiben sie etwa vor, dass Theater nur Schauspieler einstellen dürfen, die eine bestimmte formale Ausbildung erfolgreich absolviert haben. Damit werden Außenseiter durch zusätzliche Barrieren ferngehalten. Neben spezifischen Ausbildungsanforderungen gibt es eine erhebliche Zahl von Einschränkungen etwa im Bereich der Gesundheit und Sicherheit, der Zensur, der Anforderungen an die in Museen gezeigten Objekte oder des geistigen Eigentums, insbesondere des Copyrights.

Auktionen

In der Kunstwelt spielen Auktionen, in denen Kunstobjekte versteigert werden, eine große Rolle. Rekordpreise für Kunstobjekte erfahren riesige Publizität in den Medien. Tab. 2.1 zeigt einige der Rekordpreise, die große Aufmerksamkeit gewonnen haben.

Einige dieser Preise sind enorm hoch. Das gilt vor allem für das Bild „Salvator Mundi" von Leonardo da Vinci. Die dafür bezahlten 450 Mio. $ sind mehr als das Zweieinhalbfache des bisher höchsten Preises für Picassos „Frauen von Algerien". Diese Bilder wurden entweder bei Christie's oder Sotheby's in New York auktioniert. Die Preise sind offiziell dokumentiert, während sie bei Verkäufen von Galerien meist geheim bleiben.

Auktionen sind durch hohes Risiko gekennzeichnet, denn man weiß nie, wie viele andere Personen mitbieten werden und wie lange sie bei höheren Preisen mithalten. „Alternative" Investitionen – in Kunst, Antiquitäten, Wein, Briefmarken oder Münzen, und noch stärker in Juwelen, antike Autos – sind aus mehreren Gründen mit höherer Unsicherheit behaftet als Investitionen in Aktien, Obligationen oder Grundstücke und Häuser.

Folgende Risiken sind im Kunstmarkt besonders prominent:

- *Echtheit.* Ein auktionierter Kunstgegenstand kann eine Kopie sein. Selbst Kunstexperten können nicht mit Sicherheit feststellen, ob ein Bild ein Original ist. Auf dem Kunstmarkt gibt es viele Imitationen. So wird etwa vermutet, in den Vereinigten Staaten gäbe es 8000 Bilder von Camille Corot, aber nur 3000 seien authentisch.

Tab. 2.1 Rekordpreise für auktionierte Gemälde, 2018

1.	Leonardo da Vinci „Salvator Mundi" oder „Saviour of the World"	450 Mio. US$	2017
2.	Pablo Picasso „Les femmes d'Alger (Version „O")	179 Mio. US$	2015
3.	Amedeo Modigliani „Nu couché"	170 Mio. US$	2015
4.	Amedeo Modigliani „Nu couché" (sur le côté gauche)	157 Mio. US$	2018
5.	Francis Bacon. Triptych „Three Studies of Lucian Freud"	142 Mio. US$	2013
6.	Edvard Munch „Skrik" (Der Schrei)	120 Mio. US$	2012
7.	Pablo Picasso „Fillette à la corbeille fleurie"	115 Mio. US$	2018
8.	Jean-Michel Basquiat, „Ohne Titel"	111 Mio. US$	2017
9.	Pablo Picasso „Nu au Plateau de Sculpteur"	106 Mio. US$	2010
10.	Andy Warhol „Silver Car Crash (Double Disaster)"	105 Mio. US$	2013

Quelle: Wikipedia, Liste der teuersten Gemälde o. J.; Wikipedia, Silver Car Crash (Double Disaster) o. J.

- *Zuschreibung.* Oft ist unklar, ob ein Bild von einem großen Meister selbst, seinen Schülern, oder in seinem Stil gemalt wurde, obwohl dies für den erzielten Preis entscheidend ist.
- *Qualität und materielle Zerstörung.* Häufig sind Bilder beschädigt und wieder instand gesetzt worden, was schwierig präzise festzustellen ist. Kunstwerke können durch Lichteinfall, Temperatur, Feuchtigkeit, Feuer, Erdbeben, Kriege oder falsche Behandlung in Mitleidenschaft gezogen werden. Ein Beispiel ist die „Fettecke" von Joseph Beuys, die 1982 in der Düsseldorfer Kunstakademie installiert wurde und 1986 vom Reinigungspersonal entfernt wurde, weil sie als Schmutz angesehen wurde.
- *Diebstahl.* Infolge der stark gestiegenen Preise lohnt es sich immer mehr, Kunstgüter zu entwenden. Berühmte Beispiele sind da Vincis Mona Lisa aus dem Louvre (1911) oder der „Schrei" von Edvard Munch aus dem Munch Museum in Oslo (2004).

Änderungen im Markt erhöhen ebenfalls das Risiko von Kunstinvestitionen:

- *Aufbewahrungskosten.* Sie bestehen im nötigen Aufwand für die Unterbringung, Sicherheit und Versicherung. Die Prämien für letztere betragen zwischen 0,1 und 0,5 % des Wertes, was bei den hohen Preisen ins Gewicht fällt.
- *Neue Steuern.* Politiker können sich entschließen, unerwartet die Vermögens- und Verkaufssteuern für Kunstwerke anzuheben, was die Rendite von Investitionen erheblich schmälern kann.
- *Staatliche Verbote.* Die Regierung kann unerwartet den Export von Kunstwerken beschränken oder ganz verbieten. Oder umgekehrt können Eigentümer verpflichtet werden, zum Beispiel afrikanische Kunstwerke an ihre Ursprungsländer zurückzugeben. Die Eigentümer erleiden dadurch einen erheblichen Verlust, denn auf internationalen Auktionsmärkten lassen sich üblicherweise weit höhere Preise erzielen als auf dem heimischen Markt.
- *Tod eines Künstlers.* Oft wird erwartet, dass der Preis für die Werke verstorbener Künstler steigt, weil keine zusätzlichen Werke mehr geschaffen werden (zumindest nicht Originale). Diesem Knappheitseffekt steht der Reputationseffekt entgegen. Verstorbene Künstler können sich nicht mehr profilieren, indem sie ihre Werke an Ausstellungen zeigen, in den klassischen und neuen Medien aktiv sind und möglicherweise durch einen bewusst herbeigeführten Skandal Aufmerksamkeit hervorrufen. Empirischen Analysen folgend ist der Knappheitseffekt bei älteren, bereits etablierten Künstlern dominant, hingegen sinken im Durchschnitt die Preise für Künstler, die gestorben sind, bevor sie allgemein bekannt wurden.

Warum wird in Kunst investiert?

Auch wenn das Risiko bei Kunstinvestitionen besonders hoch ist, gibt es gute Gründe Kunstwerke zu erstehen:

- *Risikostreuung.* Es sollte nie alles Geld in den gleichen Korb gelegt werden. Empirischen Untersuchungen zufolge sind die Preisschwankungen im Kunstmarkt nur wenig mit jenen auf den Finanzmärkten korreliert. Zuweilen ist sogar ein negativer Zusammenhang zu beobachten. In diesem Falle lohnt sich eine Diversifikation des Portfolios.
- *Verzerrte Wahrnehmung.* Die Medien berichten ausführlich über Rekordpreise auf Kunstmärkten. Übersehen wird dabei, dass Auktionshäuser nur Kunstwerke anbieten, die einen guten Preis erwarten lassen. Selbst dann geht ein oft erheblicher Teil der auktionierten Kunstgüter ohne Verkauf zurück. Die Indizes über die auktionierten Kunstwerke klammern diese Aspekte aus, wodurch die erwartete Rendite überhöht ausgewiesen wird und manche Investoren falsch informiert werden.
- *Steuerhöhe und Steuerhinterziehung.* Bei der Besteuerung wird zwischen verschiedenen Vermögenswerten unterschieden. Sie dürfte für Kunstwerke auch aus praktischen Gründen tiefer liegen als bei anderen, leichter erfassbaren Vermögenswerten. Kunstwerke eignen sich auch zur „Reinigung" von dubiosem Geld und für Steuerbetrug.
- *Statuskonsum.* Ein wichtiger Grund zum Erwerb von Kunstwerken liegt in der Anerkennung durch andere Personen, was den eigenen Sozialstatus steigert. Dies gilt auch für Städte und Länder, etwa, indem sie spektakuläre Museen errichten und bestücken.
- *Begeisterung für Kunst.* Wer als Liebhaber Kunst aus intrinsischen Gründen erwirbt, ist gegen Preisänderungen auf Kunstmärkten immun. Viele Sammler denken nie daran, ihre Kollektion ganz oder auch nur teilweise zu verkaufen.

Folgerungen

Kunstmärkte sind aus vielen verschiedenen Gründen durch höheres Risiko als Finanzinvestitionen gekennzeichnet. Dennoch stellt der Kauf von Kunstwerken eine sinnvolle Möglichkeit dar, um das Vermögen zu streuen. Vor allem ist es eine ausgezeichnete Anlage für Personen, die Kunst lieben. Auktionen ermöglichen Kunstliebhabern, Kunstwerte auf einfache Weise und zu einem allgemein anerkannten Preis zu erwerben, was bei einem Kauf bei Kunsthändlern weniger der Fall ist.

2.3   Arbeitsmarkt für Kunst

Arme oder reiche Künstler?

Wer sich mit dem Los von Künstlern beschäftigt, denkt nicht selten an Carl Spitzwegs „Armen Poeten". Das Gemälde zeigt einen Schriftsteller, der sich unter miserablen Bedingungen seiner Kunst hingibt, und um sich zu wärmen, sogar seine alten Manuskripte verbrennt. Auch die Oper „La Bohème" von Giacomo Puccini zeigt die schlimmen Bedingungen, unter denen Kunst geschaffen wird. Diese Werke haben unser Bild der materiellen Lage von Künstlern stark geprägt.

Gleichzeitig haben offensichtlich einige Künstler riesige Einkommen erworben. Beispiele sind unter Malern Pablo Picasso, Marc Chagall oder Jeff Koons; unter Opernsängern Enrico Caruso, Placido Domingo oder Cecilia Bartoli; unter Dirigenten Wilhelm Furtwängler, Herbert von Karajan oder Claudio Abbado; und unter Schriftstellern J.K. Rowling, Dan Brown oder Gore Vidal. Auch in der Vergangenheit haben einige der bedeutendsten Autoren wie William Shakespeare, Johann Wolfgang von Goethe, Charles Dickens; Musiker wie Georg Friedrich Händel oder Wolfgang Amadeus Mozart; oder Maler wie Leonardo da Vinci, Michelangelo, Lucas Cranach oder Rembrandt hohe Einkommen erzielt.

Aus diesen Beobachtungen lassen sich zwei Folgerungen ziehen:

- Nicht alle Künstler sind arm, aber die Einkommensunterschiede sind gewaltig.
- Künstler mit hohem Einkommen gehören oft – aber nicht immer – zu den Besten ihres Faches.

In vielen Studien wird empirisch belegt: Künstler erreichen im Durchschnitt ein deutlich geringeres Einkommen als andere Werktätige ähnlichen Alters, gleichen Geschlechts und vergleichbarer Länge der Ausbildung. Diese Ungleichheit scheint sich in den letzten Jahren vergrößert zu haben.

Viele Künstler können nicht von ihrem Einkommen leben. Sie suchen sich daher nebenbei eine andere Tätigkeit, insbesondere in der Lehre. Im Extremfall nimmt sie die ganze Zeit in Anspruch, wie bei einem Taxifahrer, der noch immer davon träumt, ein berühmter Opernsänger zu werden.

Auszeichnungen

Im Kulturbereich spielen Preise im Sinne von Auszeichnungen eine große Rolle. Manche Schriftsteller, Maler und Musiker hangeln sich von einem Preis zum anderen, um in der Kunst überleben zu können.

Die berühmteste Auszeichnung ist der Nobelpreis für Literatur. Daneben gibt es viele andere medienwirksame Preise wie etwa die (vielen) Oscars für Filme. Die berühmten Filmfestivals von Venedig, Cannes, Berlin und Locarno vergeben ebenfalls verschiedene Preise, wie den „Goldenen Bären". Schriftsteller im Vereinigten Königreich können den Man Booker Prize und in Frankreich den Prix Goncourt erhalten. Tausende von kulturellen Auszeichnungen werden durch Städte, Regionen und Staaten und durch unterschiedliche Organisationen vergeben. Preise werden immer im Rahmen einer formellen Zeremonie überreicht, wobei die Leistungen der Ausgezeichneten gepriesen werden.

Superstars
Im Bereich der Kunst werden nur ganz wenige Personen berühmt und erzielen ein hohes Einkommen. Sie dominieren in ihrem Kunstbereich, was die Ungleichheit zwischen den Künstlern vergrößert. Ein Superstar ist (vielleicht) etwas talentierter als der Rest. Entscheidend ist jedoch, dass dieser kleine Unterschied wegen eines Herdeneffektes zu riesigen Unterschieden in der Anerkennung und im Einkommen führt, was auf zwei Gründe zurückzuführen ist:

- Die Konsumenten sind nicht bereit, größeres Talent gegen ein billigeres Angebot zu ersetzen. Zwei mittelmäßige Romane sind nicht das Gleiche wie ein erstklassiger Roman. Damit wird die Nachfrage für die Spitzenkünstler gesteigert. Die Leistungen vieler, beinahe so guter Künstler werden hingegen vernachlässigt.
- Die moderne digitale Technologie mit ihren teilweise bezahlten Onlinediensten verstärkt die Konzentration auf die Superstars. Heute kann jeder ohne viel Aufwand, und oft sogar unentgeltlich, die besten Sänger und Orchester genießen und braucht sich nicht mit (subjektiv eingeschätzten) weniger guten Darbietungen zufrieden zu geben.

Wer sich unter diesen harschen Bedingungen entschließt, eine künstlerische Laufbahn zu ergreifen, liebt das Risiko, denn mit geringen Ausnahmen wird er nicht ein Superstar werden. Künstler überschätzen beim Beginn ihrer Karriere häufig ihre Zukunftsaussichten. Viele junge Mädchen, die Tanzunterricht nehmen, träumen davon, Primaballerina in einem berühmten Theater zu werden – aber nur ganz wenige werden dieses Ziel erreichen. Dennoch ist ein solches Berufsziel nicht unbedingt verfehlt, gerade weil die Motivation nur der Sache selbst verpflichtet ist.

Folgerungen

Die Unterschiede in der Anerkennung und im Einkommen zwischen ähnlich begabten Künstlern sind riesig. Diese Ungleichheit sollte jedoch nicht durch einen Ausgleich zu beseitigen versucht werden. Vielmehr ist eine gute künstlerische Ausbildung zu unterstützen. Angehenden Künstlerinnen und Künstlern soll gezeigt werden, wie sie ihre Werke in einer digitalisierten Medienwelt propagieren können. Die geschaffenen positiven externen Effekte auf andere Bereiche der Gesellschaft sollten durch staatliche Unterstützung der Kunst und Kultur abgegolten werden, was die Erwerbsmöglichkeiten und Einkommen in diesem Bereich verbessert.

Bereiche

3.1 Kreativwirtschaft

In einer modernen Gesellschaft stellt die Kreativwirtschaft einen immer größeren Teil der wirtschaftlichen Aktivität dar. Kunst und Kultur waren seit jeher eng mit der Wirtschaft verbunden; das Kennzeichen der Kreativwirtschaft besteht jedoch in ihren effizient organisierten und kommerziellen Aktivitäten, die mit der Welt des Internets in einem globalisierten Markt verknüpft sind.

Zur Kreativwirtschaft gehören folgende Bereiche:

- Die klassischen Bereiche der Kunst: Die darstellende Kunst der Oper, des Theaters, des Balletts und des Films; die bildende Kunst der Malerei, Bildhauerei, Keramik und Fotografie; die Musik und Literatur.
- Museen, die sich der Kunst, Geschichte, Archäologie, Wissenschaft, Technologie, dem Militär, Transport und vielen anderen Gebieten widmen.
- Das von der Vergangenheit ererbte materielle und immaterielle Kulturgut.
- Medien wie Fernsehen, Radio, Video, Publikationen und Drucke.
- Architektur, Kunsthandwerk, Mode und Reklame.

Die Kreativwirtschaft ist durch drei Aspekte gekennzeichnet:

- Es bestehen hohe Eintrittskosten, weil zur Produktion erhebliche fixe Kosten einzubringen sind. Meist verursachen zusätzliche Konsumenten nur geringe oder gar keine zusätzlichen Kosten. Ob noch eine weitere Person ein Theaterstück besucht oder einen Film ansieht, verändert die Kosten für den Anbieter kaum. Aufgrund dieser zunehmenden Skalenerträge haben es neue Anbieter schwer, in den Markt einzutreten und sich zu behaupten.

© Springer Fachmedien Wiesbaden GmbH, ein Teil von Springer Nature 2019 13
B. S. Frey, *Ökonomik der Kunst und Kultur,* essentials,
https://doi.org/10.1007/978-3-658-26680-6_3

- Das Angebot wird durch hohe Unsicherheit über die zukünftige Nachfrage besonders erschwert.
- Die Produktion ist entschieden wissensbasiert, arbeitsintensiv und verwendet fortgeschrittene digitale Technologien. Diese Ausrichtung kann dazu führen, dass ein Übergang von einer älteren zu einer neueren Technologie erschwert wird. Diejenigen, welche die bisherige nicht-digitale Technik verwenden, sperren sich gegen eine Änderung, weil sie dann wegen deren höherer Produktivität einen Verlust erleiden.

In der Kreativwirtschaft werden viele verschiedene Arten von Verträgen verwendet. Sie können implizit und informell sein, wie etwa zwischen Künstlern und ihren jeweiligen Galerien. Ein Vertrag kann auch dazu führen, dass die Beteiligten ein neues Werk schaffen, das ansonsten nicht entstehen würde. Ein Vertrag kann darüber hinaus Anreize geben, ein künstlerisches Gut zu erarbeiten, dieses in den Medien anzupreisen und zu verkaufen. Ein Optionsvertrag erlaubt Unternehmern, die Marktfähigkeit eines künstlerischen Produktes zu untersuchen, bevor sie zusätzliche Investitionen vornehmen.

Folgerungen
Die Kreativwirtschaft ist ein wichtiger und schnell wachsender Bereich der Gesellschaft. Sie unterscheidet sich wesentlich von der klassischen Industrie infolge stärker ausgeprägter Skaleneffekte, größerer Unsicherheit hinsichtlich der Präferenzen der Nachfrager und der besonderen Bedeutung hoch ausgebildeter Fachkräfte. Diese Kennzeichen begünstigen Oligopole und gar Monopole im Bereich der Kunst, offenen Marktkräften hingegen wird der Zugang erschwert. Der öffentliche Sektor sollte sich bemühen, solche unerfreulichen Ergebnisse zu verhindern, indem er die Kreativwirtschaft für neue und innovative Zugänge öffnet.

3.2   Darstellende Kunst

Aufführungen von Opern, Theaterstücken, Konzerten oder Ballett zählen zur klassischen darstellenden Kunst. Daneben gibt es ein großes Angebot an populärer Musik und anderen Formen der Unterhaltung. Die dazu notwendigen Mittel in Form von Arbeit und Kapital sind nahezu unabhängig von der Zahl der Besucher. So kann zum Beispiel ein Klavierkonzert von Mozart nicht auf die Hälfte gekürzt werden, weil die Konzerthalle bloß zur Hälfte gefüllt ist.

Nachfrage

Nur ein kleiner Teil der Bevölkerung besucht Werke der klassischen darstellenden Kunst. Die Beteiligung hängt stark vom Preis ab. Er besteht nicht nur aus den Kosten für den Eintritt, sondern auch für diejenigen des Transports, Essens und einer entsprechenden Kleidung. Oft müssen die Karten vorher bestellt und bezahlt werden. Wichtig sind auch die alternativen Möglichkeiten, seine Zeit zu verbringen. Oft erscheint es weniger mühsam, den Abend vor dem Fernseher zu verbringen, als mit viel Aufwand in die Oper zu gehen.

Personen mit höherem Einkommen besuchen eher Veranstaltungen klassischer Kunst als Personen mit geringem Einkommen. Das Gleiche gilt für besser ausgebildete Leute, weil sie eher imstande sind, die zuweilen schwierig zu verstehenden Aufführungen zu genießen. Selbstverständlich gibt es auch Personen mit geringem Einkommen und Bildung, die sich diesen Aktivitäten der klassischen Kunst – etwa dem Ballett – zuwenden, aber sie sind in einer kleinen Minderzahl.

Angebot

Das Angebot an darstellender Kunst ist durch hohe Fixkosten gekennzeichnet. Aus diesem Grund sind einige Opernhäuser weltbekannt, während andere kaum erwähnt oder geschlossen werden. Zu den berühmtesten Opernhäusern zählen:

- die Scala in Mailand
- die Paris Opéra
- die Opéra Royale in Versailles
- die Wiener Staatsoper
- das Royal Opera House at Covent Garden in London
- das Bolshoi Theater in Moskau
- das Teatro Colon in Buenos Aires
- das Sidney Opera House
- die Metropolitan Opera in New York.

Diese Liste führt nur einige der bekanntesten Opernhäuser auf; daneben gibt es viele andere, die auch genannt werden könnten, wie etwa La Fenice in Venedig oder die Semper Oper in Dresden. Die meisten Häuser befinden sich in Europa und nur je eines in Süd- und Nordamerika und in Australien. Einige von ihnen haben eine altehrwürdige Geschichte, so wurden Covent Garden 1732, die Opéra Royale 1770 und die Scala 1778 eröffnet.

Die Aufführungen in den klassischen Opernhäusern konzentrieren sich auf einige wenige Komponisten, wie Tab. 3.1. zeigt.

Tab. 3.1 Die zehn am häufigsten aufgeführten Opernkomponisten in der Periode 2013/2014 bis 2017/2018

Komponist	Anzahl von Aufführungen
Giuseppe Verdi	16.122
Wolfgang Amadeus Mozart	11.887
Giacomo Puccini	11.615
Gioachino Rossini	5237
Gaetano Donizetti	4691
Richard Wagner	4093
George Bizet	4027
Johann Strauss	2863
Pjotr Iljitsch Tschaikowsky	2709
Richard Strauss	2319

Quelle: Opera Statistics 2017/2018

Tab. 3.2 Die zehn auf der Welt am häufigsten gespielten Opern in der Saison 2013/2014 bis 2017/2018

Oper	Komponist
La Traviata	Verdi
Carmen	Bizet
Die Zauberflöte	Mozart
La Bohème	Puccini
Tosca	Puccini
Le Nozze di Figaro	Mozart
Madame Butterfly	Puccini
Il Barbiere di Siviglia	Rossini
Rigoletto	Verdi
Don Giovanni	Mozart

Quelle: Opera Statistics 2017/2018

Giuseppe Verdi, Wolfgang Amadeus Mozart und Giacomo Puccini dominieren deutlich und vier der zehn sind Italiener. Es handelt sich um Künstler, die im 18. und 19. Jahrhundert gewirkt haben. Opern von Komponisten des 20. und 21. Jahrhunderts wurden im Zeitraum 2013–2018 nur selten aufgeführt. Tab. 3.2 führt die am häufigsten gespielten Opernwerke auf.

Auch hier dominieren wieder die italienischen Werke. Unter den zehn meistgespielten Opern sind nur drei Opern von nicht-italienischen Komponisten:

George Bizet und Wolfgang Amadeus Mozart. Letzterer wird mit der Zauberflöte, den Nozze di Figaro und Don Giovanni am häufigsten aufgeführt.

Drama

Es gibt viele bedeutende Theater auf der Welt, die gerade auch von Kulturtouristen besucht werden. Es genügt, die antiken griechischen und römischen Theater wie Delphi und Ephesus (4. vorchristliches Jahrhundert), Amman und Taormina (2. Jh. v. Chr.) oder die Theater in Athen oder Orange (2. Jh. n. Chr.) zu nennen. Und dann gibt es nach wie vor bespielte Theater wie die Comédie-Française in Paris, das Burgtheater in Wien oder das Schauspielhaus in Zürich. In Tab. 3.3 sind die im deutschen Sprachraum besonders häufig aufgeführten Stücke angegeben.

Shakespeare ist unter den am häufigsten gespielten Stücken nicht weniger als dreimal vertreten. Dank hervorragenden Übersetzungen wird er heutzutage als Teil der deutschsprachigen Schauspieltradition angesehen. Nur zwei der hier aufgeführten viel gespielten Stücke (Houellebecq und Dürrenmatt) stammen aus dem 20. Jahrhundert; die meisten anderen vom Ende des 16. bis Anfang des 19. Jahrhunderts. Eine große Ausnahme ist Antigone von Sophokles aus vorchristlicher Zeit.

Die Kostenkrankheit

Die darstellende Kunst befindet sich in einer schwierigen Lage und kann kaum ohne Unterstützung von außen bestehen. Dafür sind drei Gründe verantwortlich:

Tab. 3.3 Häufig aufgeführte Schauspiele in Deutschland, Österreich und der Schweiz, 2016/2017

Faust I	1829	Johann Wolfgang von Goethe
Nathan der Weise	1783	Gotthold Ephraim Lessing
Hamlet	1601	William Shakespeare
Romeo und Julia	1595	William Shakespeare
Der zerbrochene Krug	1808	Heinrich von Kleist
Antigone	442 v.Chr.	Sophokles
Der Sturm	1611	William Shakespeare
Unterwerfung	2016	Michel Houellebecq
Räuber	1782	Friedrich Schillier
Die Physiker	1962	Friedrich Dürrenmatt

Quelle: Deutscher Bühnenverein 2017

- Oper, Ballett und Theater gehören zum Dienstleistungssektor der Wirtschaft, in dem das Personal wichtiger ist als in der Industrie und Landwirtschaft. Die zu bezahlenden Löhne machen einen großen Teil der Ausgaben in der darstellenden Kunst aus.
- Die zu bezahlenden Löhne entwickeln sich etwa gleich schnell wie die Löhne in anderen Bereichen der Gesellschaft. Weil das Prokopfeinkommen in den letzten Jahrzehnten stetig gewachsen ist, steigen auch die Durchschnittslöhne. Deshalb müssen auch die Gehälter in der darstellenden Kunst dauernd wachsen.
- Die Arbeitsproduktivität der in der darstellenden Kunst Beschäftigten, insbesondere der Schauspieler und Musiker, lässt sich kaum steigern. Die Lohnkosten pro Produkteinheit steigen deshalb dauernd.

Der Kostenkrankheit kann nur teilweise entgegengewirkt werden. Eine Möglichkeit besteht in einer stetigen Erhöhung der Eintrittspreise. Da die Preiselastizität der Nachfrage unter dem Wert von minus Eins liegt, würden Preiserhöhungen die Einnahmen steigern, d. h. die Abschreckung potenzieller Besucher ist prozentual geringer als die prozentuale Erhöhung der Preise. Allerdings gilt dies nur für einen beschränkten Zeitraum. In der weiteren Zukunft werden jedoch potenzielle Besucher abgeschreckt. Die steigenden Lohnkosten lassen sich kaum durch Steigerungen der Arbeitsproduktivität ausgleichen. Eine Mozartsymphonie lässt sich nicht sinnvoll doppelt so schnell aufführen. Schließlich kann versucht werden, die Nachfrage zu steigern, indem eine Aufführung zu einem Ereignis gestaltet wird und damit gerade auch für jüngere Besucher attraktiver wird. Gleichzeitig bieten viele Opernhäuser für Studierende und Schüler besonders günstige Eintrittspreise an, damit sie zu regelmäßigen Besuchern werden, wenn sie einmal ins Berufsleben eingetreten sind und ein genügend hohes Einkommen erreicht haben.

Folgerungen
Die darstellende Kunst ist mit ernsthaften Problemen konfrontiert, insbesondere in Form der Kostenkrankheit. Die finanziellen Probleme können durch staatliche Unterstützung überwunden werden, wobei allerdings die Subventionen dauernd zunehmen müssen. Gleichzeitig müssen andere Möglichkeiten in Erwägung gezogen werden. So könnten zum Beispiel von Besuchern mit einer hohen Zahlungsbereitschaft höhere Preise verlangt werden, d. h. die Eintrittsgebühren zwischen Personen differenziert werden.

3.3   Festspiele

Große Zahl von Festspielen
Beinahe jede Stadt, oder zumindest jede Region in Europa, ist auf ihre musikalischen Festspiele stolz. Jedes Jahr finden Tausende von Festivals statt. Sie stellten zwar schon früher einen wichtigen Beitrag zur klassischen Musik- und Opernszene dar, haben aber in den letzten 30 Jahren stark zugenommen. Einige dieser Anlässe, wie etwa das Richard Wagner gewidmete Festspiel in Bayreuth, sind regelmäßig ausverkauft; Karten erhält man nur mittels guter Beziehungen oder auf dem Schwarzmarkt. Tab. 3.4 führt einige der wichtigsten Festspiele auf.

Ein Paradoxon
Der Boom klassischer Musikfestspiele steht in einem erstaunlichen Gegensatz zu den schwerwiegenden finanziellen Problemen fester Opern- und Konzerthäuser. Die Kostenkrankheit bürdet letzteren dauernd höhere Lohnkosten auf und deshalb müssen manche unter ihnen Künstler entlassen und ihre Aktivität einschränken. Es fragt sich, warum Festspiele derart florieren, führen sie doch oft die gleichen Opern und Musikstücke wie die festen Häuser auf. Dafür sind verschiedene Unterschiede auf der Nachfrage- und Angebotsseite verantwortlich.

Hinsichtlich der Nachfrage sind folgende Aspekte anzuführen:

- Festspiele profitieren von einem hohen Einkommenseffekt der Besucher. Während der Ferienzeit, in der die meisten Festivals stattfinden, ist ein Besuch einer derartigen Veranstaltung attraktiv und nicht selten Teil eines pauschal eingekauften Ferienprogramms.
- Neue Gruppen von Besuchern werden angezogen. Personen mit geringer kultureller Tradition fühlen sich bei Festspielen wohler als in den bestehenden Kulturtempeln. Dies gilt insbesondere für Festspiele, die im Freien stattfinden, wie zum Beispiel im Falle der Arena von Verona.

Tab. 3.4 Einige der führenden klassischen Musikfestspiele

Salzburger Festspiele	Österreich
Bayreuther Festspiele	Deutschland
Luzerner Sommer-Festival	Schweiz
Savonlinna Opernfestspiele	Finnland
Arena di Verona Opera Festival	Italien
Glyndebourne Festival	England
Edinburgh International Festival	Schottland
Tanglewood Music Festival	USA
Hollywood Bowl	USA

- Festspiele bringen jenen Besuchern einen wertvollen Nutzen, die ein besonderes Erlebnis suchen. Festspiele spezialisieren sich häufig auf einen bestimmten Komponisten (zum Beispiel Johann Sebastian Bach oder Franz Schubert), auf eine Periode (etwa auf die Musik der Renaissance), ein Genre (zum Beispiel höfische Musik), eine Ausrichtung (etwa Protestgesänge), oder eine Art der Darstellung (zum Beispiel originale Musikinstrumente). Stetig fallende Transportkosten erlauben den Besuchern, entsprechende Festspiele ohne großen Aufwand zu besuchen.
- Festspiele haben einen Neuigkeitswert, der vor allem für das Fernsehen, Radio und andere Medien wichtig ist. Die Eröffnung eines Festivals wird von den Medien als bemerkenswertes Ereignis aufgenommen und damit auch ein entsprechendes Klientel angesprochen.

Auch auf der Angebotsseite bestehen für Festspiele günstigere Bedingungen als bei festen Häusern:

- Die Produktionskosten sind vergleichsweise geringer. Es werden Kunstschaffende und technisches Personal beschäftigt, die anderswo eine feste Anstellung haben und denen deshalb nur ein Zusatzgehalt bezahlt werden muss. Festspiele können auch stärker auf unbezahlte freiwillige Helfer zurückgreifen. Oft können die Festspielorte günstig oder sogar unentgeltlich benützt werden, etwa wenn ansonsten ungenutzte antike Arenen verwendet werden.
- Es bestehen bessere Möglichkeiten, die künstlerische Originalität auszuleben. Im Gegensatz dazu müssen die Betreiber fester Opernhäuser und Konzertsäle auf die – eher konservativen – Vorlieben der Käufer von Abonnements achten.
- Festspiele können in einem gewissen Umfang staatliche Vorschriften und gewerkschaftliche Regeln umgehen. Gerade Opernhäuser und Theater, die direkt der staatlichen Verwaltung unterliegen, sind wesentlich stärker eingeschränkt.
- Profitorientierte Firmen sind an Festspielen interessiert, weil sie manche Möglichkeiten eröffnen. Da Festspiele weniger staatlichen Vorschriften unterliegen, haben gewinnorientierte Firmen mehr Möglichkeiten, die Programme zu ihren Gunsten zu beeinflussen. Sponsoren können ihre Vorstellungen propagieren und mediale Aufmerksamkeit gewinnen.
- Mehr Sponsorengelder. Politiker haben ein starkes Interesse, sich an den Festspielen zu profilieren, weil sie sich einer Medienaufmerksamkeit sicher sein können.

Festspiele stellen kaum eine Konkurrenz zu den bestehenden Häusern dar. Vielmehr können sie dazu beitragen, dass das Interesse an den klassischen Kulturangeboten verstärkt wird.

Folgerungen

Klassische Musikfestspiele stellen eine willkommene Ergänzung zu den an festen Häusern angebotenen Darbietungen dar. Sie lassen mehr Raum für Innovationen und erlauben es, musikalische Präferenzen von Minderheiten zu erfüllen. Festivals führen auch Personen in die klassische Musik ein, die zuvor weit davon entfernt waren. Allerdings besteht die Gefahr, dass Festspiele die Kunst allzu sehr popularisieren und sich zu stark auf die monetären Interessen von Firmen und Sponsoren einlassen.

3.4 Filme

Eigenschaften

Der Erfolg eines Films lässt sich kaum vorhersagen. Selbst erfahrene Produzenten unternehmen zuweilen Filmprojekte, die sich als finanzielles Debakel herausstellen. Das gleiche gilt für komplizierte Voraussagetechniken. Eine partielle Ausnahme sind die Fortsetzungen besonders erfolgreicher Filme. Ein Beispiel ist der „Terminator" unter der Regie von James Cameron und mit Arnold Schwarzenegger in der Hauptrolle. Er wurde ursprünglich als B-Movie konzipiert, wurde jedoch zu einem der bedeutendsten Filme auf dem Gebiet des Science Fiction. Seither sind fünf Nachfolgefilme gedreht worden, und weitere können folgen. Dies ist jedoch eher die Ausnahme als die Regel.

Die finanziell erfolgreichsten Filme („Blockbusters") sind in Tab. 3.5 aufgeführt. Viele von ihnen waren Überraschungen.

Die Daten für die weltweiten Bruttoeinnahmen sind nur Annäherungen, denn es ist ungewiss, ob alle Länder einbezogen sind und ob auch indirekte Einnahmen enthalten sind.

Der finanzielle Erfolg von Filmen ist sehr ungleich verteilt. Einige wenige Filme bringen enorm hohe Gewinne, die meisten sind jedoch im Vergleich mit anderen Investitionen nicht rentabel oder erleiden sogar massive Verluste.

Die finanziell erfolgreichsten Filme werden kaum als künstlerisch besonders wertvoll angesehen. Allerdings sind die Kriterien für eine Qualitätsbeurteilung sehr unterschiedlich; entsprechend gibt es viele verschiedene Aufstellungen.

Tab. 3.6 führt eine Auswahl künstlerisch herausragender europäischer Filme auf.

Tab. 3.5 Die zehn finanziell erfolgreichsten Filme

Titel	Jahr	Weltweite Bruttoeinnahmen (in Milliarden US$, zu konstanten Preisen)
Gone with the Wind	1939	US$ 3,6
Avatar	2009	US$ 3,2
Titanic	1997	US$ 3,0
Star Wars	1965	US$ 3,0
The Sound of Music	2015	US$ 2,5
E.T., the Extra-Terrestrial	1982	US$ 2,4
The Ten Commandments	1956	US$ 2,3
Doctor Zhivago	1965	US$ 2,2
Jaws	1975	US$ 2,1
Star Wars: The Force Awakening	2015	US$ 2,1

Quelle: Guinness World Records (o. J.). Die Inflation ist mithilfe des Konsumentenpreisindexes berücksichtigt

Tab. 3.6 Künstlerisch hervorragende Filme aus Deutschland, Frankreich und Italien

Deutschland	Das Kabinett des Dr. Caligari	1920
	Metropolis	1927
	Der blaue Engel	1930
	M – Eine Stadt sucht einen Mörder	1931
	Aguirre, der Zorn Gottes	1972
Frankreich	La Grande Illusion	1937
	Hiroshima Mon Amour	1959
	Hors du Souffle	1960
	Belle du Jour	1967
	Le Charme discret de la Bourgeoisie	1972
Italien	Roma, Città aperta	1945
	Ladri di Biciclette	1948
	Notte di Cabiria	1956
	La Dolce Vita	1960

Daneben gibt es viele andere qualitativ hochstehende Filme, wie etwa Panzerkreuzer Potemkin, Rashamon oder die Filme von Ingmar Bergman (z. B. Sommarlek, Det sjunde inseglet, Tystnaden).

Ein weiteres typisches Kennzeichen von Filmen ist die große Bedeutung der Schauspielerinnen und Schauspieler. Wie in anderen Bereichen der darstellenden Kunst gibt es auch hier Superstars, die den Markt dominieren. Sie werden nicht nur bewundert, sondern werden auch hoch bezahlt, während all die anderen Film-schauspieler nur wenig verdienen.

Angebot

Die Herstellung von Filmen erfolgt sequenziell und auf jeder Stufe sind große Teams von Regisseuren, Schauspielern, Technikern und Administratoren beschäftigt, was eine erhebliche Koordination erfordert. Ist ein Film einmal her-gestellt, sind die entsprechenden Kosten bereits getätigt; sie lassen sich nicht mehr ändern. Oft sind die Produktionskosten weit höher als geplant. So waren für den Film Titanic 100 Mio. Dollar vorgesehen; im Endeffekt kostete er jedoch 200 Mio. Dollar.

Filme sind durch stark zunehmende Skalenerträge gekennzeichnet. Die Durch-schnittskosten fallen je erfolgreicher ein Film beim Publikum ist. Deshalb unter-scheiden sich die Gewinne einzelner Filme stark.

Festspiele spielen eine große Rolle zur Anerkennung und Verbreitung von Filmen. Besonders bekannt sind diejenigen von Venedig, Cannes, Berlin und Locarno. Filmfestivals vergeben wichtige Preise, wie die „Goldenen Bären" in Berlin, die „Leoparden" in Locarno oder die „Palmes d'Or" in Cannes. Sie wer-den in vielen verschiedenen Kategorien vergeben, nicht nur für den Film an sich, sondern zum Beispiel auch für die Regie, für die Schauspielerinnen und Schau-spieler, oder die Kamera.

Nachfrage

Wer einen Film ansehen möchte, hat viele verschiedene Möglichkeiten. Neben einem Kinobesuch kann er oder sie ihn auch im Fernsehen, als Video oder im Internet ansehen. Ein Kinobesuch erfordert erhebliche Zeit und ist deshalb umständlich. Populäre Filme werden hauptsächlich durch Personen mit tiefem Einkommen und wenig Bildung betrachtet. Spezielle, künstlerisch ausgerichtete Kinos werden hingegen von gut ausgebildeten, liberalen und jungen Stadt-bewohnern besucht.

Folgerungen

Die Filmindustrie ist durch hohe Unsicherheit gekennzeichnet. Es ist beinahe unmöglich den finanziellen, aber auch den künstlerischen Erfolg eines Fil-mes vorauszusehen. Da die Herstellung durch stark zunehmende Skaleneffekte bestimmt ist, werden hauptsächlich Filme hergestellt, die ein großes Publikum anziehen sollen. Der Staat unterstützt deshalb Filme, die eine hohe Qualität ver-sprechen. Allerdings finden diese oft nur wenige Zuschauer und verschwinden rasch wieder, sodass ihr Einfluss finanziell und künstlerisch gering ist.

3.5   Museen

Typen von Museen

Museen spielen im Freizeitverhalten der Bevölkerung eine große Rolle. Sie gehören auch zu den wichtigsten Attraktionen für Touristen. Darüber hinaus haben sie einen bedeutenden Bildungsauftrag gerade auch für junge Menschen. Sie bieten Schulen die Möglichkeit, ihre Schülerinnen und Schüler mit geringen Kosten in Kunst und Geschichte einzuführen.

Museen lassen sich hinsichtlich verschiedener Typen unterscheiden:

- *Inhalt.* Kunst, historische und wissenschaftliche Objekte, sowie Gegenstände aus der Alltagswelt.
- *Größe.* Einige Museen sind riesig und beschäftigen eine große Zahl von Fachkräften und technischem Personal; sie werden von tausenden von Personen pro Tag besucht. Viele andere sind hingegen von nur lokalem Interesse, haben beschränkte Öffnungszeiten, werden von Laien betrieben und haben nur wenige Besucher.
- *Alter.* Einige Museen habe eine alte und ehrwürdige Geschichte – wie etwa der von Napoleon gegründete Louvre –, andere sind erst kürzlich erstellt worden – wie etwa der 2017 eröffnete Louvre Abu Dhabi in den Vereinigten Emiraten.
- *Institutionelle Form.* Viele europäische Museen sind öffentlich und bilden sogar einen Teil der staatlichen Administration. Es gab jedoch schon immer auch private Museen.

Persönliche Nachfrage

Museumsbesuche werden hauptsächlich durch drei Einflüsse bestimmt:

- *Eintrittspreis.* Die Zahl der zahlenden Personen und die Höhe des Eintrittspreises bestimmen die Einnahmen. Empirischen Untersuchungen folgend ist die Elastizität der Nachfrage in Bezug auf das Einkommen kleiner als eins (d. h. unelastisch). Museen könnten somit ihre Einkommen steigern, wenn sie die Eintrittspreise erhöhen. Noch wirksamer sind nach Saison, Tageszeit und Besuchergruppe differenzierte Preise.
- *Opportunitätskosten der Zeit.* Sie beziehen sich auf die anderen Möglichkeiten, die einem potenziellen Besucher offenstehen. Wichtig ist insbesondere, welches Einkommen in dieser Zeit erworben werden kann. Für selbstständig Beschäftigte sind diese Opportunitätskosten höher als für Angestellte mit fixen Arbeitszeiten.

- *Preise alternativer Tätigkeiten.* Dazu zählen im kulturellen Bereich der Besuch von Theatern oder Kinos, zusätzlich auch Sport oder Begegnungen mit Freunden und Bekannten.
- *Bedeutung als Touristenattraktion.* Dies gilt vor allem für die bedeutendsten Museen – wie etwa der Louvre in Paris oder der Prado in Madrid – zu einem gewissen Ausmaß aber auch für weniger bekannte Museen.

Darüber hinaus gibt es manch andere Bestimmungsgründe für einen Museumsbesuch. Eine erhebliche Rolle spielen die Architektur des Museums und die vom Museum angebotenen Annehmlichkeiten, also die allgemeine Atmosphäre, die Wartezeit vor dem Eintritt, die Freundlichkeit des Personals und ob es ein attraktives Café oder Restaurant gibt. Hinzu kommen die Vermarktungsaktivitäten des Museums.

Gesellschaftliche Nachfrage

Museen bringen nicht nur denjenigen Personen Nutzen, die sie tatsächlich besuchen, sondern darüber hinaus für die Gesellschaft als Ganzes. Dieser Nutzen spiegelt sich nicht in den Einnahmen nieder. Museen können derartige Nutzen in Form von Optionswerten, Nutzen für die kommenden Generationen, Beitrag zur Bildung und zum Prestige einer Stadt, Region oder eines Landes schaffen. Allerdings können Museen auch negative externe Werte verursachen, etwa wenn die Besucherzahlen so groß sind, dass Lärm und Überfüllung entstehen, die unbeteiligte Einwohner ertragen müssen. Diese markt-externen Effekte sind in der empirischen Forschung auf dreierlei Weise erfasst worden:

- Mittels repräsentativer Umfragen, sowohl bei Museumsbesuchern als auch bei Personen, die keine Museen besuchen.
- Das auf dem Markt indirekt geäußerte Verhalten der Bevölkerung. Ein Museum kann als Signal für eine besonders lebenswerte Stadt dienen. Die Bewohner einer Museumsstadt sind bereit, einen höheren Preis für ein Grundstück oder Wohnung zu zahlen als in einer Stadt, die kein Museum hat. Besitzt eine Stadt ein attraktives Museum, können Mitarbeitende mit einem (etwas) geringeren Lohnangebot in die Stadt gelockt werden.
- Der von der Bevölkerung einem Museum zugemessene Wert lässt sich auch anhand von Volksabstimmungen erfassen. In der Schweiz, in der vielfach über Ausgaben des Staates für kulturelle Angelegenheiten entschieden wurde, zeigt sich, dass die Stimmbürgerinnen und Stimmbürger durchaus bereit sind, auch hohe Ausgaben für Museen zu bewilligen, selbst wenn nur ein kleiner Teil von ihnen Museen besuchen. Sie sind sich somit der positiven externen Effekte von Museen durchaus bewusst.

Angebot

Museen sind durch hohe Fixkosten gekennzeichnet. Die Gebäude, die Sammlung, die Belegschaft, die Versicherungen und die technischen Einrichtungen lassen sich kurzfristig nicht an den Besucherstrom anpassen. Die von einem zusätzlichen Besucher verursachten Kosten sind meist ganz gering. Bei besonders erfolgreichen Ausstellungen („Blockbuster") kann ein zusätzlicher Besucher den anderen Personen im Museum den Zugang zu den ausgestellten Objekten erschweren. In diesem Falle sind die Grenzkosten positiv.

Museen profitieren weniger als andere Branchen vom technologischen Fortschritt. Sie sind einem ähnlichen wirtschaftlichen Dilemma unterworfen wie andere Institutionen im kulturellen Bereich. Sie haben mit der Kostenkrankheit zu kämpfen: Die zu bezahlenden Löhne steigen etwa im Gleichschritt mit den Löhnen der übrigen Wirtschaft. Ein Museum hat jedoch nur geringe Möglichkeiten, die Arbeitsproduktivität ihrer Beschäftigten zu steigern und damit dem Kostendruck entgegenzuwirken. Aus diesem Grund kämpfen auch Museen mit dauernden finanziellen Schwierigkeiten. Sie können versuchen, ihre Ausstellungsobjekte auf dem Internet zu propagieren und damit zusätzliche Besucher anzulocken; mittels Kameras kann Sicherheit erreicht werden; es können vermehrt freiwillige Helfer eingesetzt werden; einige Aktivitäten können nach außen vergeben werden, um Kosten zu sparen; schließlich können die Werbung intensiviert werden und neue Besuchergruppen gefunden werden, indem der Museumsbesuch zu einem speziellen Anlass wird, etwa in Form einer „Museumsnacht".

Viele der in Museen ausgestellten Objekte haben einen erheblichen monetären Wert. Dies gilt besonders für Kunstmuseen. Manche unter ihnen haben viele Gemälde, für die auf dem Auktionsmarkt hunderte von Millionen Dollar bezahlt werden. Beispielhaft sind Bilder von Leonardo da Vinci, dessen „Salvator Mundi" im Jahre 2017 für 450 Mio. Dollar verkauft wurde. Der Wert der ausgestellten Objekte wird in der Bilanz von Museen nicht ausgewiesen. Er würde jedoch sichtbar, wenn die Museen Geld aufnehmen müssten, um die Objekte zu erwerben. Der für die Geldaufnahme zu bezahlende Zins spiegelt die laufenden Kosten für das Objekt wider. Bei einem Gemälde, das zum Beispiel auf dem Auktionsmarkt 50 Mio. EUR bringen würde, aber im Besitz eines Kunstmuseums ist, entstehen bei einem Zinssatz von 1 % pro Jahr Kosten von 500.000 EUR pro Jahr; bei einem Zinssatz von 3 % sogar 1.500.000 EUR. Eine solche Überlegung zeigt, dass die Ausstellung wertvoller Objekte nicht kostenlos ist, selbst wenn sie im Besitz des Museums sind. Vielmehr muss überlegt werden, welche alternativen Ziele mit den monetären Ressourcen erreicht werden könnten, etwa eine besucherfreundlichere Ausstattung des Museums.

Die meisten Museen beziffern den Wert ihrer Sammlung nicht in Geldeinheiten und berücksichtigen deshalb die anfallenden Opportunitätskosten nur unzureichend oder gar nicht. Das Verhalten der Museumsleitungen wird dadurch einseitig. So wird in vielen Museen nur ein kleiner Teil der Sammlung gezeigt. In den führenden Kunstmuseen der Welt, wie etwa dem Prado in Madrid, wird etwa 90 % des Sammlungsbesitzes nicht ausgestellt und ist bestenfalls für Spezialisten zugänglich. Der Wert der nicht-ausgestellten Sammlung erscheint nicht in der Bilanz und wird deshalb vernachlässigt. Die Museumsleitungen sind sich bewusst, dass dieser Teil ihrer Sammlung einen oft hohen Wert hat. Aus drei Gründen weigern sie sich jedoch, ihre Sammlung monetär zu bewerten, Teile davon zu verkaufen und damit ihren Museen neue Möglichkeiten zu eröffnen:

- Die meisten staatlichen Museen in Europa dürfen aus legalen Gründen ihre Bestände nicht verkaufen – auch nicht den Teil, der nie gezeigt wird. Deshalb braucht sich das Museumsdirektorat nicht um den monetären Wert ihrer Objekte zu kümmern.
- Zwischen der Museumsleitung und Donatoren besteht ein impliziter – und häufig auch expliziter – Vertrag, dass die gespendete Sammlung intakt bleiben muss und oft sogar in einem speziellen Raum ausgestellt werden muss. Das Direktorium muss sich entscheiden, ob es lieber zusätzliche Kunstobjekte unter dieser Einschränkung haben möchte, oder das Geschenk ablehnen will. Oft zieht das Direktorium es aus Imagegründen vor, das Geschenk zu akzeptieren, nicht zuletzt, weil eine Ablehnung von den Medien als arrogant angesehen werden könnte.
- Eine weitere gute Erklärung greift auf institutionelle Faktoren zurück. In einem staatlichen Museum hat die Leitung keinen Anreiz, den Verkauf der nie ausgestellten Objekte zu erwägen. Würde ein Objekt tatsächlich verkauft, würden der Ertrag nicht dem Museum zugutekommen, sondern ginge zum allgemeinen Finanzvermögen des Staates. Selbst wenn dies nicht der Fall wäre, besteht die große Gefahr, dass dem verkaufenden Museum die Mittel entsprechend gekürzt werden. Das Museum wäre dann nach dem Verkauf nicht bessergestellt. Gleichzeitig würde eine monetäre Bewertung der Bestände zu vermehrten Eingriffen der Politik und staatlichen Administration führen, denn die Möglichkeit zu zusätzlichen Staatseinnahmen wird offengelegt. Die Museumsleitung hat auch deshalb keinen Anreiz, Teile der Sammlung zu verkaufen, weil ihre Tätigkeit damit leichter von außen kontrollierbar ist. Wird etwa ein Gegenstand zu einem Preis verkauft, dessen Wert aber nach dem Verkauf deutlich steigt, kann dem Direktorium (fälschlicherweise) mangelnde Kompetenz vorgeworfen werden. Es ist deshalb eine vorteilhaftere Strategie, sich möglichst nicht dem Marktgeschehen auszuliefern, sondern vielmehr sein Handeln ausschließlich „kulturell" und „künstlerisch" zu begründen. Selten oder auch nie ausgestellte Stücke sind für Museen auch nützlich, weil sie an andere Museen ausgeliehen werden können.

Kommerzielle Aktivitäten

Neben den klassischen Aufgaben von Museen – zu denen neben der Ausstellungstätigkeit auch die Beschaffung, Bewahrung, Werterhaltung, Forschung und Bildung gehören – befassen sie sich auch mit Tätigkeiten, die ihre Attraktivität auf die Besucher erhöht. Die Zahl der Besucher zählt zum wohl wichtigsten Erfolgskriterium eines Museums – gerade, weil diese Zahl leicht messbar, im Zeitverlauf vergleichbar und für Politiker und Administratoren sofort verständlich ist. Aus diesem Grunde legen heutzutage auch staatliche Museen großen Wert auf Medienpräsenz. Wichtig sind auch Aktivitäten, die Einnahmen schaffen, insbesondere der Museumsladen, die Restaurants und Cafés, der Verkauf von Katalogen, und die Vermietung ihrer Räume für Firmenanlässe. Allerdings muss dabei immer die Steigerung der Attraktivität im Vordergrund stehen, weil allzu hohe Einnahmen aus kommerziellen Aktivitäten zu einer Reduktion der staatlichen Subventionen führen könnten.

Folgerungen

Wegen der Kostenkrankheit und des unentgeltlichen Angebots von kulturellen Leistungen sind Museen ständig mit finanziellen Problemen konfrontiert. Es bestehen zwar einige Möglichkeiten, diese Schwierigkeiten zu mildern. So könnten die Eintrittspreise erhöht werden, indem von Personen, die dadurch nicht abgeschreckt werden, höhere Preise verlangt werden. Dies gilt etwa für Touristen, die von weit her anreisen, um ein berühmtes Museum zu besuchen. Sie wären sicherlich bereit, einen höheren Eintrittspreis zu entrichten. Die Einnahmen lassen sich auch mit Hilfe von kommerziellen Einnahmen steigern, etwa durch ein attraktives Restaurant und einen schönen Museumsladen. In dieser Hinsicht ist in den letzten Jahren viel geschehen. Die Museumsleitung sollte jedoch keine allzu hohen zusätzlichen Einnahmen generieren, weil ansonsten die staatlichen Subventionen zurückgehen könnten. Aus diesem Grund verzichten Museumsleitungen auch auf eine monetäre Bewertung ihrer oft enorm wertvollen Sammlungen.

3.6   Superstarmuseen

Berühmteste Museen

Auf der Welt gibt es einige allgemein bekannte Museen. Sie können als „Superstarmuseen" bezeichnet werden, weil sie gegenüber anderen Museen einen speziellen Status haben. Tab. 3.7 führt einige der berühmtesten Kunstmuseen der Welt auf.

Superstarmuseen haben fünf typische Kennzeichen:

- Sie stellen eine wichtige Attraktion für Touristen dar; sie haben einen Kultstatus erreicht. Nur wenige Touristen besuchen zum Beispiel Paris ohne im Louvre oder Madrid ohne im Prado gewesen zu sein.
- Sie haben eine große Zahl von Besuchern. Wie Tab. 3.7 zeigt, gehen wesentlich mehr als eine Million Personen pro Jahr in den Louvre, in die Uffizien oder ins Kunsthistorische Museum. Nicht weniger als sechs Kunstmuseen zählen mehr als 5 Millionen Besucher pro Jahr.
- Sie beherbergen Sammlungen weltberühmter Künstler und weltberühmter Bilder. Sie konzentrieren sich auf einige wenige Spitzenwerke, obwohl ihre Sammlungen viele andere großartige Bilder aufweisen. Beispiele sind die (sogenannte) „Nachtwache" von Rembrandt im Rijksmuseum Amsterdam oder die „Meninas" von Velazquez im Prado. Das alles überragende Gemälde ist jedoch da Vincis „Mona Lisa". Die Leitung des Louvre hat darauf reagiert,

Tab. 3.7 Eine Auswahl von Superstar-Kunstmuseen

Museum	Ort	Besucherzahl (2017, in Millionen)
Louvre	Paris	8,1
Metropolitan Museum of Art	New York	6,7
Musei Vaticani	Rom	6,4
Tate Modern	London	5,7
National Gallery of Art	Washington	5,2
National Gallery	London	5,2
State Hermitage	Sankt Petersburg	4,2
Reina Sofia	Madrid	3,9
Prado	Madrid	2,8
Museum of Modern Art	New York	2,8
Rijksmuseum	Amsterdam	2,2
Galleria degli Uffizi	Florenz	2,2
Art Institute of Chicago	Chicago	1,6
Kunsthistorisches Museum	Wien	1,4

Quelle: Statista 2019

indem den Besuchern bereits am Eingang ein direkter Weg zur Mona Lisa gezeigt wird.

- Sie zeichnen sich häufig durch das Bauwerk eines berühmten Architekten aus, was das Gebäude selbst weltbekannt macht. Beispiel sind Jacques Herzogs und Pierre de Meurons New Tate in London, Renzo Pianos Centre Pompidou in Paris, Frank Gehrys Guggenheim Museum in Bilbao, oder Richard Meiers Getty Museum in Los Angeles.
- Sie sind in zweierlei Hinsicht stark kommerzialisiert. Ein beträchtlicher Teil ihres Einkommens rührt von den Läden und Restaurants im Museum. Gleichzeitig haben Superstarmuseen als Touristenattraktionen einen erheblichen Einfluss auf die lokale Wirtschaft.

Nicht alle Kunstmuseen mit Superstarstatus erfüllen alle fünf Kriterien gleichzeitig. Der Louvre ist jedoch ein Beispiel, das alle Kriterien erfüllt, wobei das architektonische Kriterium durch Ming Peis Pyramide am Eingang erfüllt wird. Fest steht jedoch, dass nur wenige Kunstmuseen auf der Welt in diesen Bereich aufgestiegen sind.

Superstarmuseen finden sich in einer neuartigen Wettbewerbssituation. Sie vergleichen sich nicht mehr mit anderen Museen in der Stadt oder Region, sondern global mit anderen Superstarmuseen. Sie machen daher riesige, oft sogar frenetische Anstrengungen, in dieser besonderen Liga zu verbleiben. Vor allem werden Sonderausstellungen ausgerichtet, um immer noch mehr Besucher anzuziehen. Auch spektakuläre Erweiterungsbauten dienen diesem Zweck. Superstarmuseen entfernen sich immer deutlicher von ihrer angestammten Aufgabe, sondern werden zu Anbietern eines umfassenden Erlebnisses. Sie müssen immer mehr Annehmlichkeiten zur Verfügung stellen. Ihr Verhalten ähnelt somit immer mehr einem Erlebnispark, in dem die Besucher möglichst einen ganzen Tag verbringen und darin unterhalten werden. Das Louvre Museum bietet beispielsweise das „Carrousel du Louvre" an, ein riesiges unterirdisches Einkaufszentrum.

Folgerungen
Superstar-Kunstmuseen stellen eine Touristenattraktion dar, beherbergen weltberühmte Bilder, zeichnen sich häufig durch spektakuläre Bauwerke aus und sind stark kommerzialisiert. Sie drohen zu „Erlebnisparks" zu werden. Damit geht die Bedeutung einzelner Kunstwerke nicht notwendigerweise verloren, deren Präsentation verändert sich jedoch grundlegend.

3.7 Sonderausstellungen

Die meisten Museen führen Sonderausstellungen durch – oder planen zumindest eine. Dabei werden bestimmte Künstler (insbesondere im Zusammenhang mit deren Geburts- oder Todesjahr), Gruppen von Künstlern (zum Beispiel die Expressionisten, Kubisten oder Surrealisten), eine Periode (etwa Picassos Blaue Periode 1901–1904 oder seine Rosa Periode 1904–1906) oder ein historisches Datum (zum Beispiel die Kunst vor dem Ersten Weltkrieg) ins Zentrum gerückt. Tab. 3.8 führt beispielhaft einige besonders spektakuläre Sonderausstellungen mit besonders hohen Besucherzahlen auf.

Einige wenige Sonderausstellungen bestehen aus Werken aus der Sammlung des Museums selbst. In fast allen Fällen werden Kunstwerke aus verschiedenen Museen und privaten Sammlungen gezeigt. Sind die Sonderausstellungen einmal zusammengestellt, werden sie immer häufiger von anderen Museen übernommen. Einige Museen bieten gleichzeitig sogar mehrere Sonderausstellungen an.

Sonderausstellungen und Festspiele ähneln sich in mehrfacher Weise. Die Nachfrage wird durch einen hohen Einkommenseffekt begünstigt; die Konsumenten geben immer mehr Geld zum Besuch von speziellen Ausstellungen aus. Diese ziehen stärker als normale Museumsausstellungen neue Gruppen von Besuchern an, die sonst die „Kulturtempel" scheuen. Diese Wirkung wird durch intensive Reklametätigkeit für Sonderausstellungen verstärkt. Die Aufmerksamkeit in der Bevölkerung wird durch ein Angebot eines ungewöhnlichen kulturellen Ereignisses geweckt. Damit werden gerade Besucher aus fernliegenden Orten

Tab. 3.8 Einige berühmte Sonderausstellungen, 1963–2014

Inhalt	Jahr	Museum
Mona Lisa	1963	Metropolitan Museum of Art, New York
The Treasure of Tutankhamun	1976–1977	National Gallery of Art, Washington DC
Turner	1983–1984	Grand Palais, Paris
Cézanne	1996	Philadelphia Museum of Art
China's Terracotta Army	2007–2008	British Museum London
Ashura and Masterpieces from Kohfukuji	2009	Tokyo National Museum
Master of Impressionism – Claude Monet	2014	Art Mall, Shanghai

angezogen. Wer eine Sonderausstellung besuchen will, wird durch höhere Eintrittspreise wenig abgeschreckt. Die Museumsleitungen können ihre Einnahmen erhöhen, indem sie für spezielle Ausstellungen deutlich höhere Preise fordern als für einen Besuch der permanenten Sammlung.

Die Aufmerksamkeit wird von der permanenten Sammlung auf ein nur kurzzeitiges Ereignis gelenkt. Sonderausstellungen stellen eine medial interessante Neuigkeit dar. Deshalb wird in den Zeitungen, am Radio und im Fernsehen gerne darüber berichtet und Politiker sonnen sich gerne in deren Glanz. Die permanente Sammlung bringt hingegen keinen Neuigkeitswert.

Auch auf der Angebotsseite gibt es einige Faktoren, welche die Sonderausstellungen betreffen. Die absoluten Kosten einer Sonderausstellung sind beträchtlich. Ein Museum muss für die Versicherung und die Transportkosten aufkommen. Dennoch ist der Aufwand vergleichsweise gering, weil nicht alle entstehenden Kosten berücksichtigt werden müssen. Die Kuratorinnen und Kuratoren, welche die speziellen Ausstellungen konzipieren und organisieren, sind häufig Angestellte des Museums. Nicht monetär sichtbare Kosten sind die geringere Aufmerksamkeit, die der Katalogisierung der Sammlung und der Pflege der permanenten Sammlung gewidmet wird. Auch die Raumkosten für die Sonderausstellungen werden nicht als Opportunitätskosten verbucht.

Die Kosten für die in speziellen Ausstellungen gezeigten Kunstwerke sind tief, weil die Objekte nicht auf einem Markt zu einem entsprechenden Preis gemietet werden müssen. Die Kosten zeigen sich wiederum in nicht-monetärer Form. Die Kunstwerke werden unentgeltlich verliehen, aber die beteiligten Museen müssen sich dazu verpflichten, ihrerseits Werke aus ihrer eigenen Sammlung für Sonderausstellungen anderer Museen auszuleihen.

Museumsdirektoren sind an kulturelle Konventionen gebunden. In vielen Kunstmuseen ist die Art und Weise, wie die Gemälde gehängt sind, ein Teil des kulturellen Erbes. Eine andere Anordnung trifft häufig auf den energischen Widerstand gerade häufiger Besucher und der damit verbundenen „Museumswelt". Sonderausstellungen ermöglichen es, derartige historische Konventionen zu durchbrechen. Die Werke können in einer kreativen Weise präsentiert werden, welche neue Einsichten vermittelt und Wirkungen erzeugt. Diese Möglichkeiten werden von den Direktoren, Kuratorinnen und andern Ausstellungsmachern hoch geschätzt, nicht zuletzt, weil dadurch ihre eigene Karriere gefördert wird.

Die Leitung eines Museums kann die Einnahmen aus einer Sonderausstellung eher für den Zweck ihres eigenen Museums verwenden, weil es sich um ein außerordentliches Ereignis handelt. Dies ermöglicht es der Museumsleitung, gegenüber den vorgesetzten Behörden erfolgreicher aufzutreten, als wenn die Einnahmen aus dem ordentlichen Betrieb stammen. Hinzu kommt, dass es wesentlich einfacher ist, für Sonderausstellungen Sponsoren zu finden, weil es sich um einen besonderen Anlass handelt, der einem breiten Publikum leicht zugänglich ist.

Folgerungen

Die meisten Museen führen Sonderausstellungen durch, um vermehrte Aufmerksamkeit in den Medien zu erhalten. Sie werden durch günstige Bedingungen auf der Nachfrage- und Angebotsseite gefördert.

3.8 Kulturerbe

Arten

Die von unseren Vorfahren vererbten Kulturgüter nehmen viele verschiedene Formen an. Die UNESCO der Vereinten Nationen hat eine Liste von 1092 Welterbestätten in 167 Ländern erstellt (Stand Juli 2018). Es lassen sich vier verschiedene Typen unterscheiden:

- *Nicht bewegliche Kulturgüter.* Diese umfassen alle Arten von Gebäuden, Monumenten, historischen Teilen menschlicher Siedlungen, die – aus heutiger Sicht – als erhaltenswert gelten, weil sie einen kulturellen und symbolischen Wert für die heutige und für zukünftige Generationen aufweisen. Oft handelt es sich um öffentliche Güter oder um Objekte, die starke positive externe Effekte aufweisen. Tab. 3.9 listet einige der wichtigsten Stätten des Weltkulturerbes auf. Tab. 3.9 führt nur eine kleine Auswahl der von der UNESCO aufgelisteten unbeweglichen Kulturgüter auf. Sie sind nicht alle aus der Vergangenheit, sondern es werden auch neue Bauten aufgeführt, wie etwa das 1973 von Jörn Utzen gestaltete Opernhaus von Sydney oder das 1997 von Frank Gehry entworfene Guggenheim Museum in Bilbao.
- *Bewegliche Kulturgüter.* Sie umfassen Antiquitäten, Gemälde, Artefakte und Archive mit alten Dokumenten. Derartige Kulturgüter gehören – im Gegensatz zu Bauten – häufig Privatpersonen, Firmen oder nicht-staatlichen Organisationen. Ein Besitzer kann den Wert recht einfach ermitteln und das Artefakt verkaufen. Diese beweglichen Kulturgüter wurden und werden noch heute häufig am Entdeckungsort gestohlen und auf internationalen Märkten verkauft.
- *Intangible Kulturgüter.* Dabei handelt es sich um Kulturgüter, die von der Vergangenheit in Form von literarischen Texten, Musikstücken, aber auch Ritualen, Praktiken, Fähigkeiten, traditionellem Wissen, Sprachen und damit verbundenen Objekten überliefert sind. Tab. 3.10 führt einige in der UNESCO-Liste aufgeführte intangible Kulturgüter auf.

Tab. 3.9 Wichtige Weltkulturstätten gemäß der UNESCO-Liste

Asien	Abu Simbel	Ägypten
	Die Pyramiden	Ägypten
	Taj Mahal	Indien
	Die Verbotene Stadt	China
	Antikes Kyoto	Japan
	Angkor Wat	Kambodscha
	Petra	Jordanien
	Bagan	Myanmar
Südamerika	Machu Picchu	Peru
	Chichen Itza	Mexiko
	Altes Havanna	Kuba
Australien	Opernhaus in Sydney	Australien
Nordamerika	Freiheitsstatue	Vereinigte Staaten
	Zentrum von Quebec	Kanada
Europa	Akropolis von Athen	Griechenland
	Stonehenge	England
	Tower von London, Westminster Palace und Westminster Abbey	England
	Mont Saint Michel	Frankreich
	Palast und Gärten von Versailles	Frankreich
	Český Krumlow	Tschechische Republik
	Venedig	Italien
	Vatikan	Vatikan
	Kölner Dom	Deutschland
	Guggenheim Museum in Bilbao	Spanien
Historische Stadtzentren		
Europa	Rom, Florenz, Pisa, Assisi, Verona	Italien
	Valetta	Malta
	Bern	Schweiz
	Edinburgh	Schottland
	Wien, Salzburg	Österreich
	Bruges	Belgien

(Fortsetzung)

Tab. 3.9 (Fortsetzung)

	Sintra	Portugal
	Budapest	Ungarn
	Krakow	Polen
	Tallinn	Estland
	St. Petersburg	Russland

Quelle: World Heritage List o. J.

Tab. 3.10 Beispiele für intangible Kulturgüter in Europa

Kunst des neapolitanischen „Pizzaiuolo"	Italien
Basler Fasnacht	Schweiz
Bierkultur	Belgien
Flamenco	Spanien
Gesang des Alentejano	Portugal
Reiten in französischer Tradition	Frankreich
Ideen und Praktiken organisierter Gemeinschaftsinteressen in Form von Genossenschaften	Deutschland

Quelle: World Heritage List o. J.

Die Tabelle ist eine kleine Auswahl aus den von der UNESCO ausgewählten 470 Stätten. Die Aufstellung zeigt, wie unterschiedlich intangible Kulturgüter sein können. In der Tabelle reichen sie vom neapolitanischen Pizzabäcker bis zur belgischen Bierkultur – wobei man sich sofort fragt, warum die bayerische Bierkultur nicht auch dazu gehört.

- *Naturerbe.* Aufgeführt werden Nationalparks und andere spektakuläre Orte. Tab. 3.11 führt einige allgemein bekannte Naturerbestätten auf.
  Die UNESCO listet mehr als 200 natürliche Welterbestätten auf; Tab. 3.11 führt somit nur wenige dieser Stätten auf.

Auswirkungen der UNESCO-Liste

Die von den Vereinten Nationen erstellte Liste hat unbestreitbar zwei wichtige positive Auswirkungen.

Tab. 3.11 Auswahl einiger berühmter Naturerbestätten

Tal der Loire	Frankreich
Osterinsel	Chile
Galapagos Inseln	Ecuador
Great Barrier Reef	Australien
Iguazú National Park	Brasilien und Argentinien
Serengeti National Park	Tansania
Grand Canyon	Vereinigte Staaten
Yellowstone National Park	Vereinigte Staaten

Quelle: World Heritage List o. J.

- Die UNESCO-Liste kann als wichtige und seltene gemeinschaftliche Anstrengung angesehen werden, unseren Planeten gegen Zerstörung zu schützen. Sie kann als praktizierte globale Ethik aufgefasst werden. Die UNESCO-Liste zieht die Aufmerksamkeit von staatlichen Entscheidungsträgern und des breiten Publikums auf ganz bestimmte Stätten und Gebräuche, die unbedingt zu erhalten sind.
- Die für eine Aufnahme auf die Liste benötigten Anstrengungen stärken das in einem Lande bestehende Bewusstsein für die Einzigartigkeit der Kulturgüter und tragen damit wesentlich zu deren Erhaltung und Pflege bei. Die Welterbekommission der UNESCO stellt dafür technische Hilfen zu Verfügung, leistet zur Erhaltung jedoch keine finanzielle Beihilfe.

Die UNESCO-Liste kann allerdings auch zu verschiedenen negativen Effekten führen, die selten diskutiert werden:

- Die Auswahl des Weltkulturerbes ist fragwürdig. Sie wird maßgeblich durch eine Gruppe von Experten bestimmt, welche die von den Nationen aufwendig hergestellten Anträge prüfen. Jede Stätte und jeder Brauch wird als gleich wichtig betrachtet; es wird keine Rangfolge vorgenommen. Auf eine Erfassung der individuellen Zahlungsbereitschaften wird verzichtet. Damit wird davon abgesehen, wie viel Nutzen eine Stätte der Bevölkerung bringt. Es lässt sich argumentieren, dass die Einschätzung der Bevölkerung irrelevant sei und nur diejenige der Experten zu zählen habe. Dabei wird allerdings übersehen, dass die Aufnahme in die UNESCO-Liste stark politisiert ist. Die Auswahl der Stätten und Gebräuche unterliegt erheblichem politischem Druck, weil jedes Land aus Prestigegründen möglichst viele Stätten aufgeführt haben will. Empirische Untersuchungen zeigen in der Tat, dass politisch mächtige Staaten bessere Chancen haben, ihre nationalen Kulturstätten und Gebräuche auf der UNESCO-Liste zu platzieren.

- Die Zahl der Elemente auf der UNESCO-Liste weitet sich immer mehr aus und umfasst bereits beinahe 1200 Stätten. Was nicht auf der Liste platziert ist, ist zweitrangig. Diese Feststellung wird zwar von der UNESCO-Kommission vehement zurückgewiesen, sie ist jedoch zwingend, gerade auch für zuständige Politiker und deren Verwaltung. Die Tourismusindustrie ist sich wohl bewusst, dass ein auf der Liste aufgeführter Ort weit besser anzupreisen ist.
- Die Aufnahme in die UNESCO-Liste kann dazu führen, dass Ressourcen für die Erhaltung und Pflege anderer Kulturstätten abgezogen werden. Einige spektakuläre Stätten könnten damit erhalten werden, andere jedoch verfallen, sodass insgesamt das Weltkulturerbe weniger gut erhalten bleibt.
- Die auf der Liste aufgeführten Stätten drohen in Kriegen zerstört zu werden. Sie stellen für Terroristen und Konfliktparteien attraktive Ziele dar. Beispiele sind die Zerstörung der antiken Brücke in Mostar, die Bombardierung der Stadt Dubrovnik und die Sprengung der großen Buddha-Statuen in Bamiyan durch die Taliban. Der Grund dafür ist die große Medienaufmerksamkeit, welche die Zerstörung von allgemein bekannten und international hervorgehobenen Ikonen des Weltkulturerbes hervorbringt.

Folgerungen

Es ist wichtig, das Weltkulturerbe zu erhalten und zu pflegen. Die von der UNESCO zusammengestellte Liste der wichtigsten Kulturgüter und Gebräuche sollte kritisch betrachtet und nicht als einziges Instrument angesehen werden. Die Auswahl ist fragwürdig und die Liste kann auch zu unerfreulichen Auswirkungen führen. Insbesondere besteht die Gefahr, dass nicht auf der Liste aufgeführte Stätten, vernachlässigt werden. Je größer diese Liste ist, desto unbedeutender wird sie auch. Umgekehrt können Kulturstätten, gerade weil sie in der UNESCO-Liste enthalten sind, eher zerstört werden.

Unser Weltkulturerbe sollte auch durch Instrumente des Marktes geschützt werden. Sind Kulturstätten allgemein bekannt, werden sie aus kommerziellen Gründen erhalten und gepflegt, denn sie locken Besucher an, die dafür Geld auszugeben bereit sind.

Kulturpolitik

4

4.1 Kunstpolitik

Argumente für eine staatliche Unterstützung der Kunst
Eine ökonomische Analyse der Förderung der Kunst durch den Staat konzentriert sich auf die Frage, in welchem Ausmaß der Markt die Verwendung der bestehenden Ressourcen verzerrt. Bei gut funktionierenden und unverzerrten Märkten rechtfertigt sich ein staatlicher Eingriff nicht. Es ist nützlich, die Angebots- und die Nachfrageseite getrennt zu betrachten.

Kunstangebot
Das Kunstangebot weicht in mehrfacher Hinsicht vom Ideal eines gut funktionierenden Marktes ab:

- *Unvollständiger Wettbewerb.* Monopolartige Anbieter kennzeichnen den Markt für manche kulturellen Güter und Dienstleistungen. Sie bieten geringere Mengen an als auf einem vollständigen Markt und zu Preisen, die oberhalb der Grenzkosten liegen. Dieses Marktversagen kann der Staat korrigieren, indem er zusätzliches Angebot fördert. Allerdings unterliegt nicht das gesamte künstlerische Angebot einer unvollständigen Konkurrenz. So sind etwa Kunstauktionen ein Beispiel für einen beinahe perfekten Wettbewerbsmarkt.
- *Abnehmende Durchschnittskosten.* Das Herstellen von Kunst unterliegt häufig zunehmenden Skalenerträgen. Zusätzliche Mengen verursachen immer geringere Durchschnittskosten, sodass die Grenzkosten unterhalb der Durchschnittskosten liegen. Eine effiziente Preisbildung zu marginalen Kosten verursacht damit Verluste. Wenn der Staat effiziente Preise zu Grenzkosten durchsetzen will, muss er die Differenz zwischen Grenz- und Durchschnittskosten subventionieren.

© Springer Fachmedien Wiesbaden GmbH, ein Teil von Springer Nature 2019
B. S. Frey, *Ökonomik der Kunst und Kultur,* essentials,
https://doi.org/10.1007/978-3-658-26680-6_4

- *Kostenkrankheit.* Anbieter mancher Kunstsparten können die Arbeitsproduktivität ihrer Beschäftigten kaum oder gar nicht steigern, weil dadurch das künstlerische Produkt verschlechtert würde. Die Anbieter müssen ihren Beschäftigten jedoch ein Gehalt bezahlen, das ähnlich zunimmt wie in der übrigen Wirtschaft. Dadurch steigen die Verluste dauernd. Gelten diese Bedingungen, kann insbesondere die darstellende Kunst nur existieren, wenn der Staat die Differenz zwischen der zurückbleibenden Arbeitsproduktivität im künstlerischen Bereich und der allgemeinen Lohnentwicklung subventioniert.
- *Einkommensverteilung.* Künstler verdienen im Durchschnitt weniger als andere Mitglieder der Gesellschaft mit ähnlicher Ausbildung, Alter und Erfahrung. Egalitäre Argumente sprechen für einen staatlichen Eingriff zugunsten der Personen, die im Kunstsektor aktiv sind.

Kunstnachfrage

Es wird zu wenig Kunst angeboten, wenn sich nicht alle Präferenzen der Bevölkerung hinsichtlich künstlerischer Aktivitäten auf Märkten niederschlagen. Folgende Typen von Nachfrage werden nur unvollständig, oder gar nicht, auf Märkten abgebildet:

- *Meritorische Güter.* Vom Gesichtspunkt der Gesellschaft kann es erwünscht sein, mehr Kulturgüter und Dienstleistungen anzubieten, als dies einzelne Personen auf Märkten tun. In diesem Fall werden die Konsumentenpräferenzen nicht akzeptiert. Die politischen Entscheidungsträger müssen aufgrund ihrer eigenen Einschätzung festlegen, wie das Kunstangebot aussehen soll. Dieses Vorgehen widerspricht der grundlegenden ökonomischen Vorstellung, dass die einzelnen Personen durchaus wissen, was für sie das Beste ist. In der Tat werden meritorische Argumente häufig durch Anbieter kultureller Leistungen vorgebracht, die dadurch Gewinne erzielen wollen.
- *Markt-externe positive Wirkungen* bei der Produktion und dem Konsum. Mitglieder der Gesellschaft erhalten einen Nutzenzuwachs ohne dafür zu bezahlen. Das Angebot wird jedoch auf dem Markt nicht ausgeweitet, weil dafür kein Entgelt entsteht. Das Angebot auf Märkten ist geringer als gesellschaftlich optimal wäre.
- *Nutzen jenseits des eigenen Gebrauchs.* Personen können die Möglichkeit des Besuchs von künstlerischen Veranstaltungen schätzen, auch wenn sie selbst kein Geld dafür ausgeben. Sie können auch deren Existenz oder das Vermächtnis an kommende Generationen schätzen. In manchen Fällen, etwa bei berühmten Opernhäusern, Theatern oder Museen, ist das Angebot eng mit der nationalen Identität, dem Prestige und gesellschaftlichen Zusammenhalt

verknüpft. Die Experimentierlust bei einigen künstlerischen Aktivitäten kann die Innovation fördern. Für all diese Leistungen werden die Anbieter im Kulturbereich nicht vollständig mit Einnahmen entgolten, sodass das Angebot zu klein ist.

- *Kunst als öffentliches Gut.* Kunst kann einen Nutzen für die Gemeinschaft stiften, niemand kann jedoch davon ausgeschlossen werden, gerade auch jene, die nichts für diesen Nutzen zahlen. Die Anbieter werden unvollständig für ihre Anstrengungen bezahlt, sodass das Angebot kleiner ist als für die Gesellschaft optimal wäre.
- *Unzureichende Information.* Potenzielle Konsumenten von Gütern und Dienstleistungen im Bereich der Kunst sind zuweilen über das Angebot schlecht informiert. Dieses Argument wird häufig für die Unterstützung durch staatliche Subventionen vorgebracht. Dabei stellt sich die Frage, warum Politiker, Beamte und Experten besser wissen, was ein bestimmtes Kunstangebot für die Gesellschaft wert ist. Häufig verfolgen solche Personen ihre persönlichen Vorstellungen und Interessen. Sie sind aufgrund ihrer Ausbildung fähig, diese Anliegen erfolgsversprechend vorzutragen.
- *Irrationalität.* Die Bevölkerung kann Verhaltensanomalien unterliegen, die den richtigen Gebrauch der Kunst beeinträchtigen. Ein Grund dafür kann sein, dass Kunst schwer fassbar ist und deshalb zu gering geachtet wird. Staatliche Unterstützung der Kunst kann diese Mängel ausgleichen.

Vergleichende Betrachtung

Selbst wenn der Markt im Bereich der Kunst unvollständig funktioniert, kann daraus nicht unbedingt ein Argument für öffentliche Unterstützung abgeleitet werden. Interventionen vonseiten des Staates sind ebenfalls fehlerhaft. Die Politische Ökonomie hat viele Gründe aufgezeigt, warum politische Entscheidungen systematisch von den Wünschen und Anliegen der Bevölkerung abweichen können. In Diktaturen und paternalistischen Regimen ist dieses Verhalten offensichtlich. In Demokratien fällen Politiker und Politikerinnen ihre Entscheidungen hauptsächlich, um sich die Wiederwahl zu sichern, was zuweilen durch eine Begünstigung besonders einflussreicher Gruppen erreicht werden kann. Da Wahlen nur alle vier oder fünf Jahre stattfinden, entwickelt sich eine besondere Politikerschicht, die von den Wünschen der Bevölkerung abgekoppelt ist. Politische Verzerrungen finden auch statt, weil die staatlichen Entscheidungsträger viele Möglichkeiten haben, ihre eigenen Vorstellungen von Kunst und Kultur durchzusetzen. Sie ziehen die gut etablierten Kunstinstitutionen vor, die klassische Werke darbieten und von denen sie auch direkt oder indirekt profitieren, etwa indem sie privilegierten Zugang zu Operngalas und glamourösen Kunstveranstaltungen erhalten. Kontroverse und experimentelle Kunst hat es demgegenüber schwer. Politiker und Beamte scheuen sich, Kunst zu unterstützen, die in der Bevölkerung wenig Verständnis findet. Sie fördern lieber Kunst von gut organisierten und etablierten Kulturanbietern, wie etwa klassischen Opernhäusern, Nationaltheatern und etablierten Orchestern.

Um eine ausgewogene Sicht zu erhalten, muss auf dem Gebiet der Kunst das Ausmaß an Unvollkommenheiten des Marktes mit demjenigen der Politik verglichen werden.

Arten öffentlicher Unterstützung

Regierungen spielten schon immer eine große Rolle in der Unterstützung der Kunst. Die Kirche, Aristokraten, Städte und reiche Personen haben bis heute künstlerische Aktivitäten gefördert. Einige Künstler haben jedoch auch den Markt verwendet, um ein Einkommen zu erzielen. Maler verkauften ihre Werke an private Sammler und an kirchliche Institutionen. Im 18. und zu Beginn des 19. Jahrhunderts haben Komponisten wie Wolfgang Amadeus Mozart und Ludwig van Beethoven einen Eintrittspreis für ihre Konzerte erhoben. Im letzten Jahrhundert haben vermehrt demokratische Gemeinwesen die Kunst gefördert. Sie haben Institutionen in Form von Kommissionen und Ministerien für Kunst geschaffen, vor allem zur Unterstützung der Malerei und Bildhauerei, von Theatern und Opernhäusern, sowie der klassischen Musik.

Kunst kann auf unterschiedliche Weise gefördert werden:

- *Direkte Staatsausgaben.* Das unterschiedliche Ausmaß an Subventionen für Kunst und Kultur in verschiedenen Ländern lässt sich schwer erfassen. Was unter „Kulturausgaben" fällt, wird unterschiedlich verbucht, gerade auch weil verschiedene Definitionen von „Kunst" und „Kultur" verwendet werden. In manchen Ländern ist die Kulturförderung Angelegenheit des Zentralstaates. In Irland wurden im Jahr 2015 zum Beispiel 50 % der Ausgaben von der Zentralregierung vorgenommen, während in Deutschland der bei weitem größte Teil von den Bundesländern und Kommunen stammt. Je stärker ein Staatswesen dezentralisiert ist, desto mehr kann auf die unterschiedlichen lokalen Wünsche der Bevölkerung eingegangen werden.
- *Indirekte Unterstützung.* Sie erfolgt insbesondere durch die Möglichkeit, Spenden für die Kunst steuerlich geltend zu machen. Firmen, die Kunst unterstützen, brauchen für die entsprechenden Ausgaben keine Umsatz- oder Gewinnsteuern zu entrichten. Je höher der bestehende (marginale) Steuersatz ist, desto günstiger ist es, die Kunst zu fördern, denn der Steuerzahler wird weniger belastet. Beträgt etwa die auf einem zusätzlichen Einkommen von 10.000 EUR zu entrichtende Steuer 90 %, kostet die Unterstützung der Kunst nur 10 %. Wer 10.000 EUR spendet, hat somit ein nur um 1000 EUR geringeres verfügbares Einkommen.

Folgerungen

Die Anbieter von Kunst und Kultur sind mit schwerwiegenden finanziellen Problemen konfrontiert. Insbesondere führt die „Kostenkrankheit" zu einem dauernden Druck, weil die Arbeitsproduktivität der Beschäftigten sich nicht einfach steigern lässt, deren Gehälter jedoch dauernd der allgemeinen Entwicklung angepasst werden müssen. Kunstanbieter können dieser Entwicklung entgegenwirken, indem sie versuchen, ihre Einnahmen mittels kommerzieller Aktivitäten zu erhöhen. Diese Möglichkeiten sind jedoch begrenzt.

Kunst und Kultur können nicht sinnvoll allein durch den Markt bestimmt werden; staatliche Eingriffe sind jedoch auf keinen Fall ein Allerheilmittel. Vielmehr müssen bei jeder künstlerischen Aktivität die Vor- und Nachteile des Marktes und der staatlichen Eingriffe sorgfältig abgewogen werden.

4.2   Macht Kunst glücklich?

Zweifellos macht Kunst manche Menschen glücklich; sie kann tief empfundene Einsichten und Erfahrungen vermitteln. Kunstsammler betonen immer wieder, welche Freude ihnen die Werke bereiten.

Andererseits ist Kunst eng mit einem Gefühl des Unglücklichseins verknüpft. Manche Künstler waren ihr ganzes Leben lang depressiv, und einige unter ihnen haben sogar Selbstmord begangen. Die Tragödien von Malern wie Vincent van Gogh oder von Schriftstellern wie Heinrich von Kleist und Ernest Hemingway eignen sich für Mythen und Hollywoodfilme. Einige Künstler und Künstlerinnen haben sich diesen Habitus angeeignet, weil sie wissen, dass dies im Publikum gut ankommt.

Messung des Glücks

Die moderne Ökonomie und Psychologie erfassen das Glück, oder präziser die subjektive Lebenszufriedenheit, mit Hilfe von repräsentativen Umfragen. Die zu beantwortende Frage lautet: „Alles in allem, wie zufrieden sind Sie mit dem Leben, das Sie führen?", wobei auf einer Skala zwischen 0 („total unglücklich") und 10 („total glücklich") gewählt werden kann. Die meisten Menschen erweisen sich als mit ihrem Leben zufrieden. In europäischen Ländern antwortet eine Mehrzahl im Bereich zwischen 6 und 8. Diesen Ergebnissen kann einiges Vertrauen entgegengebracht werden. So lachen glückliche Personen häufiger, sie haben weniger Probleme am Arbeitsplatz, sind kommunikativer und optimistischer, und begehen seltener Selbstmord.

Glückliche Künstler
Empirischen Forschungen zufolge sind Kunstschaffende im Durchschnitt mit
ihrem Leben eher zufrieden als andere Personen mit gleicher Ausbildung, glei-
chem Einkommen, und gleichen Alters. Damit wird natürlich nicht ausgeschlossen,
dass einige Künstler und Künstlerinnen unglücklich sind, aber es gilt ebenso, dass
einige von ihnen sehr glücklich sind.

Teilnahme an künstlerischen Aktivitäten
Der Umfang am Konsum künstlerischer Tätigkeiten wird mithilfe folgender
Frage erfasst: „Wie oft besuchen Sie kulturelle Aktivitäten wie Konzerte oder
Theateraufführungen in Ihrer Freizeit?" 90 % der deutschen Bevölkerung betätigt
sich nicht in der offiziellen Kunst und Kultur. Nur ein ganz kleiner Teil von ihr
besucht jede Woche einen Kunstanlass. Was als „Kunst" und „Kultur" verstanden
wird, vollzieht sich damit außerhalb der großen Mehrheit der Bevölkerung. Je
häufiger eine Person sich kulturell betätigt, desto glücklicher erweist sie sich.
Wer nie einen kulturellen Anlass besucht, gibt im Durchschnitt eine Lebenszufriedenheit von 6,7 an; wer hingegen dies jede Woche tut, gibt ein Niveau der
Lebenszufriedenheit von 7,3 an. Dieser Zusammenhang zwischen dem Besuch
kultureller Aktivitäten und der Lebenszufriedenheit bleibt auch erhalten, wenn
mögliche andere Einflussgrößen berücksichtigt werden.

Der ermittelte positive Zusammenhang zwischen Kulturkonsum und Glück
lässt offen, ob Kunst glücklich macht, oder ob glückliche Personen eher Kunstanlässe besuchen. Es gelten sicherlich beide Kausalrichtungen. Kunst kann zum
Glück beitragen, weil neue Eindrücke und Erfahrungen vermittelt werden. Wer
allerdings ein zutiefst pessimistisches Theaterstück besucht oder destruktive
Bilder betrachtet, wird vermutlich danach weniger glücklich sein. Eine glänzende
Opernaufführung oder ein spannendes Theaterstück, eine attraktive Kunstaus-
stellung oder eine herrliche Kathedrale zu besuchen, einen wunderbaren Palast
oder einen schönen Garten zu bewundern, hebt die Lebensgeister und trägt
sicherlich zum Glück bei.

Folgerungen
Künstler sind glücklicher als vergleichbare andere Personen. Das individuelle
Glück lässt sich durch Besuche künstlerischer Aktivitäten erhöhen.

Was Sie aus diesem *essential* mitnehmen können

- Kommerziell produzierte Kunst kann hervorragend sein – aber auch ganz schlecht.
- Demokratische Entscheidungen zur Kunst sind sinnvoll, wenn sie durch eine vorherige intensive Diskussion gestützt werden.
- Einige wenige Künstler sind enorm reich geworden, was zu starken Einkommensunterschieden im Vergleich zu den vielen weniger erfolgreichen Kunstschaffenden führt.
- Die durch die Kunst für die Gesellschaft geschaffenen Werte lassen sich quantitativ erfassen.
- Die Kreativwirtschaft erstellt auf wirksame kommerzielle Weise ein gutes Kunstangebot.
- Das Angebot von Opern, Theaterstücken, Konzerten und Ballettaufführungen bedarf einer öffentlichen Unterstützung, weil die stetig steigenden Kosten nicht durch Produktivitätserhöhungen aufgefangen werden können.
- Museen sind durch hohe Fixkosten belastet, weshalb eine öffentliche Unterstützung sinnvoll ist.
- Die wenigen Superstarmuseen stellen eine bedeutende Touristenattraktion dar.
- Die UNESCO-Liste des Weltkulturerbes hat positive, aber auch negative Auswirkungen.
- Die staatliche Unterstützung der Kunst sollte nicht nur mittels direkter Staatsausgaben erfolgen, sondern sollte auch Gewicht auf steuerlich begünstigte Spenden legen.
- Der Besuch kultureller Anlässe steigert die Lebenszufriedenheit.

© Springer Fachmedien Wiesbaden GmbH, ein Teil von Springer Nature 2019   45
B. S. Frey, *Ökonomik der Kunst und Kultur,* essentials,
https://doi.org/10.1007/978-3-658-26680-6

Literatur

Bendixen, Peter, und Bernd Weikl. 2011. *Einführung in die Kultur- und Kunstökonomie*, 3. Aufl. Wiesbaden: VS Verlag.

Deutscher Bühnenverein. 2017. Werkstatistik 2016/17. http://www.buehnenverein.de/de/presse/pressemeldungen.html?det=50. Zugegriffen: 11. Apr. 2019.

Frey, Bruno S. 1990. *Ökonomie ist Sozialwissenschaft. Die Anwendung der Ökonomie auf neue Gebiete*. München: Vahlen.

Frey, Bruno S. 2003. *Arts & economics. Analysis & cultural policy*, 2. Aufl. Berlin: Springer.

Gottschalk, Ingrid. 2006. *Kulturökonomik: Probleme, Fragestellungen und Antworten*. Wiesbaden: VS Verlag.

Guinness World Records. o. J. http://www.guinnessworldrecords.de/. Zugegriffen: 11. Apr. 2019.

Opera Statistics. 2017/2018. https://www.operabase.com/statistics/en. Zugegriffen: 24. Apr. 2019.

Pommerehne, Werner W., und Bruno S. Frey. 1993. *Musen und Märkte. Ansätze einer Ökonomik der Kunst*. München: Vahlen.

Statista. 2019. Das Statistik-Portal. https://de.statista.com/statistik/daten/studie/217825/umfrage/besucherstaerkste-kunstmuseen-weltweit/. Zugegriffen: 11. Apr. 2019.

Towse, Ruth. 2014. *Advanced introduction to cultural economics*. Cheltenham: Elgar.

Wikipedia. o. J. Liste der teuersten Gemälde. https://de.wikipedia.org/wiki/Liste_der_teuersten_Gem%C3%A4lde. Zugegriffen: 11. Apr. 2019.

Wikipedia. o. J. Silver Car Crash (Double Disaster). https://en.wikipedia.org/wiki/Silver_Car_Crash_(Double_Disaster). Zugegriffen: 11. Apr. 2019.

World Heritage List. o. J. https://whc.unesco.org/en/list/. Zugegriffen: 11. Apr. 2019.

© Springer Fachmedien Wiesbaden GmbH, ein Teil von Springer Nature 2019
B. S. Frey, *Ökonomik der Kunst und Kultur,* essentials,
https://doi.org/10.1007/978-3-658-26680-6

MIX
Papier aus verantwortungsvollen Quellen
Paper from responsible sources
FSC® C105338

If you have any concerns about our products,
you can contact us on
ProductSafety@springernature.com

In case Publisher is established outside the EU,
the EU authorized representative is:
Springer Nature Customer Service Center GmbH
Europaplatz 3, 69115 Heidelberg, Germany

Printed by Libri Plureos GmbH
in Hamburg, Germany